知的生きかた文庫

世界一役に立つ　図解　論語の本

山口謠司

三笠書房

◆はじめに

『論語』——まっすぐ、しっかりと、生きていくための本

『論語』は、あなたの迷いを、くまなく全部、解き放ってくれます。

二千五百年前の孔子(こうし)の言葉は、今なお、人の本質を見抜いた箴言(しんげん)(人生の指針になる言葉)として生きているのです。

『論語』と聞くと難しい話だと思いがちですが、孔子は、人が**まっすぐ、しっかりと、生きていくための言葉**を、わかりやすく伝えようとしているのです。

現代のわれわれは、ともすれば「お金」を基準に物事の善し悪しを判断しがちです。でも、本当にそれでいいのでしょうか。

孔子は、われわれに本当に必要なのは、**「幸せ」を感じる力、「幸せ」を創る力**だと言います。それが「仁(じん)」と呼ばれるものです。

人を大切に思う気持ち、それが『論語』には貫かれているのです。

本書は、図解によってさらにわかりやすく、孔子が我々に伝えた教えを学ぶことができるように作られています。ぜひ、本書で『論語』の真髄(しんずい)を知って「幸せ」を感じ、「幸せ」を創っていただければと思います。

山口謠司

世界一役に立つ 図解 論語の本

もくじ

Contents

第2章 「人間関係」に悩まない・迷わない論語の言葉

Contents

第3章　楽しい賢い「学び方」がわかる論語の言葉

第4章　「会社」「仕事」ですぐ使える論語の言葉

第5章 より素晴らしい「人間」になる論語の言葉

本文DTP／松下隆治
編集協力／オフィス・スリー・ハーツ

序章

世界一役に立つ！
『論語』と
「孔子」の基本

『論語』って、どういう本？

『論語』は、孔子がその弟子と交わした言葉や孔子の言動を弟子がまとめた本です。

紀元前五五一年に生まれ、紀元前四七九年に亡くなった孔子には、約三千人の弟子がいたと言われます。

彼らは、孔子の教えを忘れないために、どこかに書きつけたりしていたのではないでしょうか。

また、孔子が亡くなったとき、盛大な葬儀が行われ、彼らは三年の喪に服したと言われます。おそらく、この喪に服しているとき、それぞれが孔子に聞いた言葉や、孔子の思い出を話し、ひとつの書物にしようとしたと考えられています。

『論語』の多くは「子曰く」という言葉で始まっています。

それは弟子とのやりとりを、そのまま書き記す方法をとったからです。『論語』は、

学而・為政・八佾・里仁・公冶長・雍也・述而・泰伯・子罕・郷党・先進・顔淵・子路・憲問・衛霊公・季氏・陽貨・微子・子張・堯曰

という二十の篇から成り立っています。各篇の名称は、学而篇では「子曰　学而時習之…」、為政篇では「子曰　為政以徳…」というように、「子曰」を除く各篇の最初の二文字（または三文字）を採ったものです。また十番目の章、郷党篇では孔子の日常生活の姿が描かれています。

孔子には弟子が約三千人いたと言われていますが、『論語』の中では特に優秀な十人の弟子たち（孔門の十哲）がよく登場します。

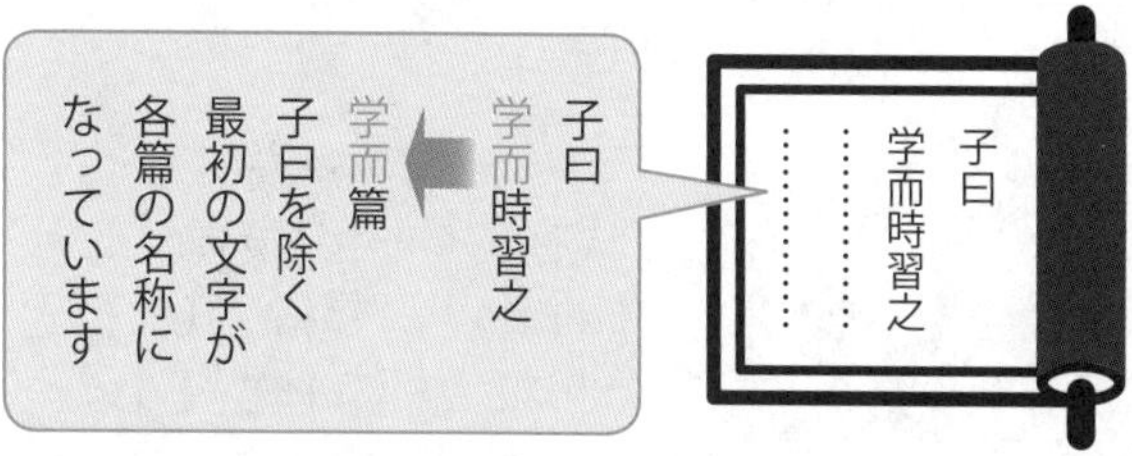

子曰
学而時習之
子曰
学而時習之
学而篇
子曰を除く
最初の文字が
各篇の名称に
なっています

「孔子」って、どういう人？

孔子は、父親がどんな人か知りません。父親は孔子が小さい頃に亡くなったため、母親に育てられました。母親は、自分の先祖の墓を守るための祈祷師で、当時は結婚が許される身分の人ではありませんでした。

『史記』によれば、孔子が生まれたのは魯の襄公二十二（紀元前五五一）年と記されていますが、『春秋公羊伝』では襄公二十一（紀元前五五二）年など、諸説あります。現在は、紀元前五五一年説が有力となっています。

さて、孔子は、『論語』に自らの経歴を記し、十五歳のときに学問に志を立て（「吾、十有五にして学に志す」）三十歳頃に仕官した（「三十にして立つ」）のでした。ただ、

孔子

紀元前551年（諸説あり）、魯（現在の中国山東省）に生まれる。身長は216cmとも言われ大柄な体型でした。

孔子三十五歳のとき、魯の昭公（しょうこう）は隣国の斉（せい）に亡命します。これは、魯の公族（王侯の一族のこと）である三桓氏（さんかんし）との確執によるものです。

孔子は、昭公に付き従うようにして斉に行き、官職に就く手はずを整えますが、斉の大夫・晏嬰（あんえい）の反対で、それは頓挫（とんざ）してしまいます。

孔子は魯に帰り、弟子たちに学問を教えながら、仕官の道を探し求めますが、それが叶ったのは孔子、五十一歳のときでした。「中都」という都市の「宰（さい）」（長官）になり、翌年には「小司空（しょうしくう）」（裁判官）に就きます。

ただ、斉の国内では、孔子が官職に就いたということで、魯が強大な力を持つに違いないとして、斉と魯との間で会盟（諸侯の間の同盟）を結びたいと提言しました。おそらく孔子は、この頃までに、政治の顧問として意見を内外に

魯の国の君主・昭公がクーデターに失敗

↓

昭公が隣国に亡命

↓

孔子も昭公の後を追って魯を離れる

発信する力のある人となっていたに違いありません。

ただ、孔子は、祖国・魯の大臣たちの汚職や退廃で破綻している姿に失望してしまいます。

そして、五十五歳のときに、門人たちとともに魯を去り、六十八歳まで流浪の旅に出るのです。孔子は、その間に幾度も殺されかけたり、食糧難のため餓死寸前になったりします。

ただ、このときに、**孔子の「仁」という思想は、より多くの同調者を得て、また各国に弟子を得ることで、自身の思想をさらに強固なものにした**と考えられます。

「人生の苦労人」だった孔子の知恵

孔子は、晩年、大きな不幸に何度も見舞われます。

孔子の晩年は不幸の連続だった

長男・孔鯉が五十歳で死去
最愛の弟子顔回や子路の死

長男・孔鯉（こうり）、また最愛の弟子・顔回（がんかい）や子路（しろ）の死です。

孔鯉が亡くなったのは、孔子が六十九歳のときです。

孔子は、他の弟子と区別して長男・鯉に特別なことを教えたりしなかったと『論語』に記されていますが、長男に対する期待は少なくなかったと思います。幸いなことに、孔鯉の長子・伋（きゅう）（子思）が生まれますが、その間に次々と優秀な弟子を喪（うしな）ってしまうのです。

その一人が、最愛の弟子・顔回です。貧しくて食事もままならない生活をしていた顔回は、突然、四十二歳の若さで亡くなってしまいます。

孔子はそのとき、号泣して、「天、予（われ）を喪（ほろぼ）せり」と言ったと『論語』（先進篇）に記されています。

また、孔子にとって年齢も近く、最も親しく話すことができる古い弟子である子路が、戦闘に巻き込まれて殺害さ

弟子の中で優れた十人

徳行に優れる＝顔回（がんかい）（顔淵（がんえん））・閔子騫（びんしけん）・冉伯牛（ぜんはくぎゅう）・仲弓（ちゅうきゅう）
言語に優れる＝宰我（さいが）（宰与（さいよ））・子貢（しこう）
政事に優れる＝子有（しゆう）（冉求（ぜんきゅう）・冉有（ぜんゆう））・子路（しろ）（季路（きろ））
文学に優れる＝子游（しゆう）・子夏（しか）

れ、遺体を塩漬けにされるという事件も起こります。

孔子は、「仁」という言葉を思想の根幹に置いて、大きな理想を弟子たちに熱く語ります。しかし、その理想の底には、**人としての哀しみと苦しさが深く流れていたのです。**

『論語』はなぜ、人生に役立つ？

さて、今から二千五百年も前に孔子が話した言葉が、どんな意味で現代にも通じるのでしょうか。

『論語』に出典を持つ故事成語はたくさんありますし、その中のいくつかは、小学校や中学校でも習います。**「温故知新(おんこちしん)」「巧言令色(こうげんれいしょく)、鮮(すくな)し仁(じん)」**などです。

孔子のこうした言葉は、人格を形成するうえで、とても重要なものだと思います。だからこそ、二千五百年もの間、

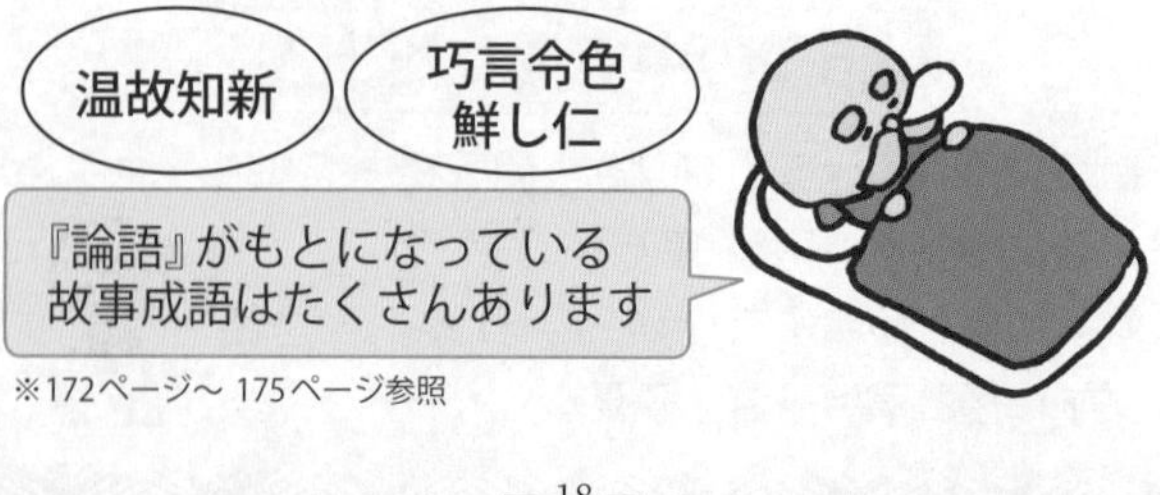

温故知新
巧言令色
鮮し仁
『論語』がもとになっている
故事成語はたくさんあります

※172ページ～ 175ページ参照

人の上に立って仕事をする人たちの間で、『論語』は必須の書物として読み継がれてきたのでしょう。

「日本の資本主義の父」と呼ばれる渋沢栄一（一八四〇～一九三一）は、**「道徳経済合一説」**という理念をその活動の根本としています。

「富をなす根源は何かと言えば、仁義道徳。正しい道理の富でなければ、その富は完全に永続することができぬ」と、渋沢はその著**『論語と算盤』**で記しています。

これは『論語』（里仁篇）の孔子の言葉「富と貴とは、是れ人の欲する所なり。其の道を以て是れを得ざれば、処らざるなり」に基づいたものです。目先の利益ばかりに目を向け、それを物事の判断基準にする人が多いものです。

渋沢は、道理を判断基準にするという孔子の精神を常に重んじて日本の「経済」を発展させたのです。

渋沢栄一

1916（大正５）年に『論語と算盤』を書く

道徳経済合一説という理念

算盤 ＝ 道徳

人生年譜

西暦	出来事	年齢
紀元前551	魯の国（現在の山東省）に生まれる。名は丘、字は仲尼。孔子の生年は二つ説があり、紀元前551年は『史記』によるもの。	1
549	父・叔梁紇が亡くなる。母と曲阜の街へと移住。	3
535	母・顔徴在が亡くなる。	17
533	宋の幵官と結婚する。	19
532	男子・孔鯉（字は伯魚）が誕生する。孔子は季孫氏の委吏（倉庫番）となる。	20
531	牧畜を管理する乗田に転任する。	21
525	周の都である洛邑（洛陽）へと遊学。	27
517	第25代君主昭公がクーデター失敗。昭公は斉の国へ追放。孔子も昭公のあとを追って斉に亡命する。	35
515	孔子は斉の国の大夫に殺されそうになり、魯の国へ戻る。	37

孔子の

505	陽虎（陽貨）が魯の実権を握り、孔子を召し抱えようとするが実現には至らず。	47
501	中都の宰（長官）となる。	51
500	中都の宰（長官）から小司空（裁判官）となる。その後、最高裁判官にあたる大司寇（刑罰や警察を司る宰相）になる。	52
497	国政に失望。官を辞し、弟子とともに諸国巡遊の旅に出る。以後孔子は約13年間諸国を転々とする。	55
483	13年の亡命生活を経て魯に帰国。死去するまで詩書など古典研究の整理を行う。子の孔鯉が50歳で死去。	69
481	一番弟子だった顔回が死去。	71
480	衛に仕えていた弟子の子路が殺される。	72
479	孔子死去。弟子たちによって魯の国に葬られる。孔子の死後、弟子たちは三年間喪に服す（弟子の子貢だけは六年間喪に服す）。	73

つい人に話したくなる

論語の世界①

──感動的！『論語』の誕生秘話

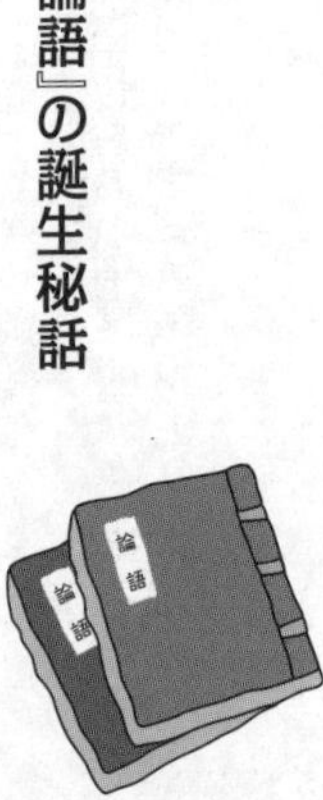

孔子が亡くなったのは、紀元前四七九年のことでした。

『論語』の原型は弟子たちが、それぞれが記憶していたり、メモに取っていたりした孔子との会話をまとめたものではないかと考えられています。

残された弟子の中では子夏（しか）や曾子（そうし）、そして孔子の孫である子思（しし）などが、それぞれ学派を作って孔子の教えを後世に伝えていきます。

しかし、紀元前二二一年に秦（しん）の始皇帝が中国全土を統一すると、まもなく儒学に関する書物をすべて焼き払い、儒学を学ぶ人を生き埋めにしたと言われています。「焚書坑儒（ふんしょこうじゅ）」という言葉で知られていますが、おそらく戦国時代までに読まれていた『論語』は、このときになくなってしまったのではないかと考えられています。その後、紀元前二〇〇年頃から紀元後八年頃までの漢（かん）の王室には、三種類の『論語』が伝わることになります。

　このことは前漢の歴史を書いた『漢書』の「芸文志」に記されています。

『魯論語二十篇』『斉論語二十二篇』『古論語二十一篇』の三種類です。

　後漢末になると、鄭玄（一二七〜二〇〇）が、『魯論語』『斉論語』『張侯論』はもちろん、他の学者が作っていたテキストなども参考にしながら、「定本」とされる『論語』を編纂し、魏の何晏（生年不詳〜二四九）が、鄭玄の「定本」をもとに、『論語集解』という現在我々が読む『論語』の注釈を作るのです。

　現在われわれが読む『論語』は、鄭玄が作った「定本」に基づく何晏の『論語集解』なのです。

秦の始皇帝
儒学に関する書物をすべて焼き払う
儒学者を処刑する
焚書坑儒
始皇帝の時代に『論語』に関わる資料の多くが消えてしまいました！

論語コラム１

そもそも「諸子百家（しょしひゃっか）」って何？

春秋戦国時代（紀元前770～前221）の500年間、中国大陸では、どの国が次に覇権を握るのかという攻防が続きました。国の存亡を賭けた血みどろの戦いが繰り広げられたのです。各国が掲げるのは「富国強兵」です。

国力を増強するためにはどういう思想が必要か。それを説いたのが様々な思想家である「諸子」です。法を厳正にせよという「法家」、無私無欲を説く「道家」、戦術を展開する「兵家」、仁愛を国や天下へ及ぼす「儒家」など、現代にも通じる思想がこの時代に生まれます。百家争鳴（ひゃっかそうめい）の時代とも呼ばれます。

第1章

今日から「人生」が豊かになる論語の言葉

①自分自身を成長させる方法

他人の長所を吸収し、自分の長所にする

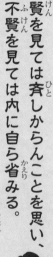

賢(けん)を見ては斉(ひと)しからんことを思い、
不賢(ふけん)を見ては内に自ら省(かえり)みる。
(里仁(りじん)篇)

超訳

素晴らしい人と出会ったら、
その人を手本にすればいい。
反対にダメな人と出会ったら、
反面教師として捉えればいい。

自分の長所や短所がわからなくても、他人の長所や短所はよくわかるものです。

孔子はこの言葉を通じ、**自分より優れている人を見かけたら、その人の優れている部分を手本にし、その人の真似をすることを勧めています。**

それが自分自身の成長につながるからです。反対に人から非難されるような見苦しい、愚かな行為ばかりしている人がいたら、**自分は同じようなことをしていないか省みてみましょう。** もし同じようなことをしていたら反省し、二度と同じような行為はしないように注意することが大切であるとも言っています。

先輩や知人の良い部分は吸収し、悪い部分は注意しなさいということを孔子は私たちに伝えているのです。さらに孔子は「自分自身を高めることに日々邁進しなさい」とも説いています。「賢」は優れている点、すなわち長所、「不賢」は劣っている点、すなわち短所を表しています。

他人の欠点はすぐにわかるものですが、自分自身の欠点にはなかなか気づかないものです。ことわざに「人のふり見て我がふり直せ」がありますが、この言葉に通じるものがあります。

孔子は弟子たち一人ひとりの長所や短所を見極めながら、人生の厳しさや日々邁進し続けることの大切さなどを伝え続けたと言われています。

孔子の弟子の中に『論語』に登場する回数が一番多い、子路(しろ)という人がいました。孔子とは年回りが九歳違いの人物で、彼のことを孔子は弟子というより弟という感覚でかわいがったと言われています。

子路は自分が勇敢であることをアピールしていました。孔子が行くところなら海の果てまでも未開の国でも、どこまでもついて行き、師である孔子を常に警護すると宣言しています。

こうした勇敢でもあり、ヤンチャでもある子路を孔子は「そんな性格ではいつか野垂(のた)れ死にしてしまうぞ」とよく叱ったのですが、孔子の願いもむなしく子路は父親のお家騒動に巻き込まれ、殺されてしまうのです。子路は自身の勇敢さを長所だと思っていたことが仇(あだ)になりました。

子路の屍(しかばね)は無残にも切り刻まれ醢(しびしお)(塩漬け)にされ、孔子のもとに届けられたという記録も残っています(『孔子家語』)。

図解・自分自身を成長させる方法

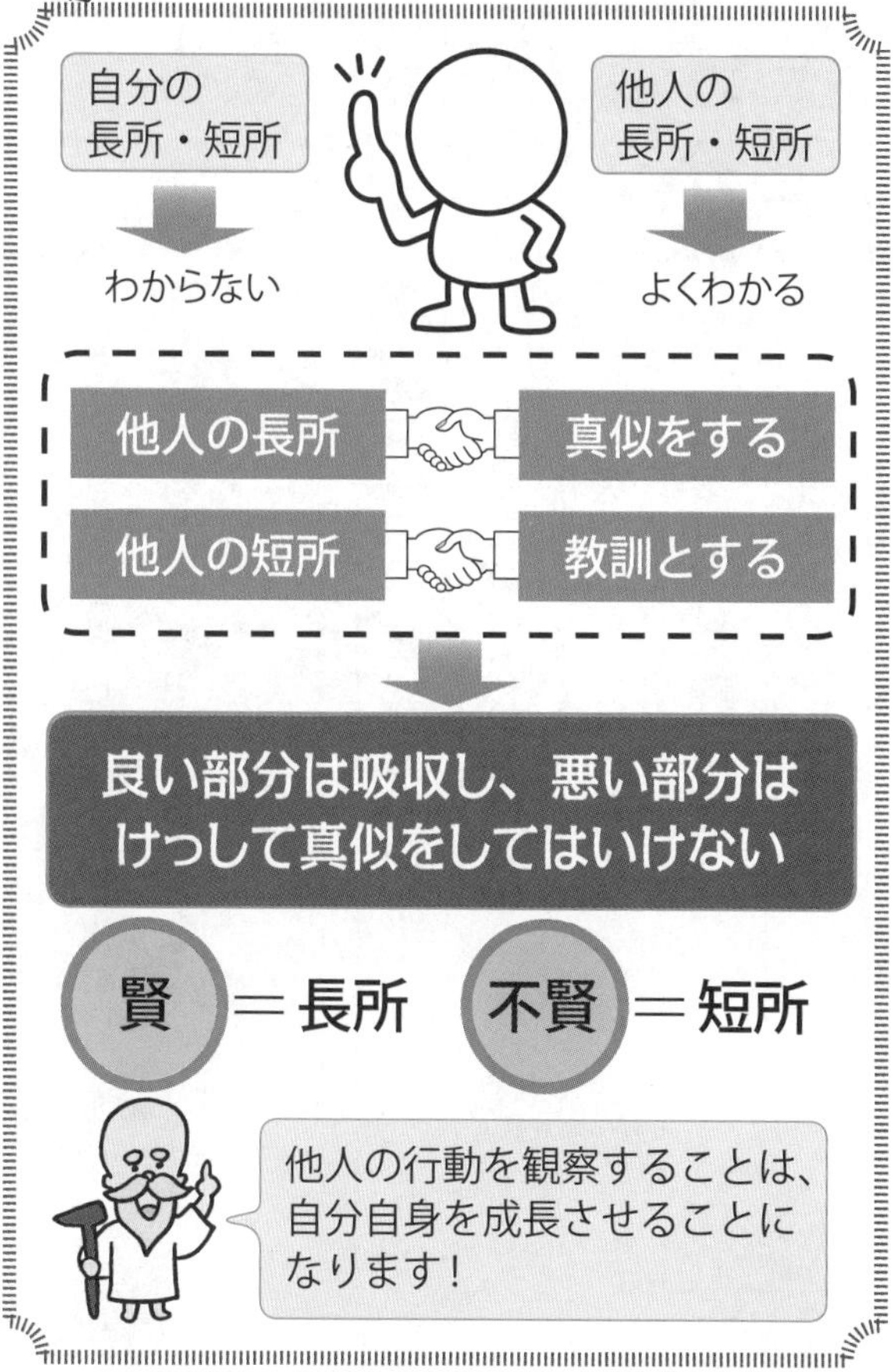

自分の
長所・短所
わからない
他人の
長所・短所
よくわかる
他人の長所
真似をする
他人の短所
教訓とする
良い部分は吸収し、悪い部分は
けっして真似をしてはいけない
賢＝長所
不賢＝短所
他人の行動を観察することは、
自分自身を成長させることに
なります！

②目標を叶える方法

「自分の目標」を叶える「自分のペース」を知る

苗(なえ)にして秀(ひい)でざる者あるかな。
秀でても実らざる者あるかな。
(子罕(しかん)篇)

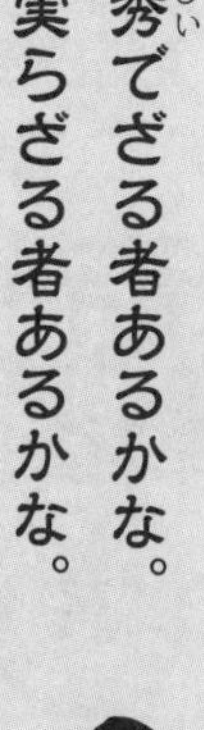

超訳

苗の中には伸びても花が
咲かないものがあります。花が咲いても
実をつけないこともあります。
苗の一つひとつには
個性があるのです。

苗を植えて、すぐに花を咲かせる苗もあれば、なかなか花を咲かすことができない苗もあります。また、花を咲かすことができても、しっかりと実をつけることができる苗もあれば、反対に実をつけることができない苗もあります。

植物の生育では、すべての苗が同じように育つものではありません。

人の個性についても、同じようなことが言えます。

すぐに頭角を現す人がいれば、目標に向かって努力をしても、思うとおりにいかない人もいます。**孔子は植物の苗をたとえにして、人間の個性の本質を私たちに教えているのです。**

思いどおりの結果がすぐに出なくても、卑下することはありません。人生において大切なのは、目標へ向かって行動し続けることだからです。

コツコツと努力を重ねていけば結果は自ずとついてくるということを、孔子はこの言葉を通じて説いているのです。

つまり、**自分の目標や夢を叶えるには、努力を惜しまずに自分のペースで行動をし続けることが大切である**と、孔子は伝えているのです。

孔子には約三千人の弟子たちがいたと言われています。

その弟子たちも一人ひとりには個性があり、孔子は自分の考えを弟子の個性に応じて教えていました。孔子の教えをすぐに吸収する人もいれば、なかなか理解できない人もいます。

弟子たちに同じように教えを説いても、皆が理解してくれるわけではありません。孔子は悩みました。**皆が同じように習得できないのは自分の教え方がいけないのか、孔子が嘆いている姿もこの言葉から想像できます。**

弟子の中で孔子が最も将来への望みをかけた弟子に顔回（がんかい）という人物がいました。顔回は自分より三十歳年下で、いつも努力を惜しまず学問を楽しみ、また常に向上心を持った人物だったため、自分の後継者としては一番の適任者だと孔子は考えていました。

しかし顔回には不幸が訪れます。孔子が七十二歳のときに栄養失調でこの世を去ってしまったのです。大きな花を咲かすことができなかった顔回でしたが、彼は孔子に大きな影響を与え、後世に名を残すことになりました。

図解・目標を叶える方法

苗
伸びても花が咲かない
苗
花が咲いても実がつかない
苗の一つひとつには個性がある
個性
すぐに成功する
なかなか成功しない
努力を続けていれば結果は後からついてくる!
目標へ向かって行動することが大切であり、結果が出なくても焦ることはありません

③トラブルを回避する方法

「先人の知恵」を時と場合に応じて上手に使う

故きを温めて新しきを知る。（為政篇）

超訳

先人たちの知恵や教訓には、
これからの人生を
生きていくうえで大切なことが
たくさんあります。

この言葉は、四字熟語「温故知新（おんこちしん）」として、小学校の教科書などにも載っているせいか、多くの人たちに知られています。

誰でも一度や二度、大きなピンチに遭遇（そうぐう）することがあるでしょう。ビジネスの世界では、自分の力ではどうすることもできない場面に追い込まれることは珍しいことではありません。そんなときに役に立つのがこの言葉です。

自分の力だけでは乗り越えられないことでも、先輩から的確な助言を受けたり、判断を仰（あお）ぐことによって、トラブルを回避できたことは少なくないでしょう。しかし先輩たちは最初から、トラブルの対処法（知恵）を知っていたわけではありません。その知恵は先輩の先輩から教わったものが多いはずです。

つまり、知恵というものは先人たちから語り継がれるものであることを、孔子はこの言葉で説いているのです。さらに**受け継いだ知恵の中から、先人たちが気づかなかった知恵、新しいアイデアを創出することもできる**と孔子は言っています。昔の人が考えた知恵の中には、現在の生活に役立つものがたくさんあるということを、孔子はこの言葉を通じて私たちに伝えたかったのでしょう。

「故きを温(あたた)めて」は「故きを温(たず)ねて」という読み方もします。

「あたためて」とは古人が伝えた教えや学問を、いつでも取り出して使えるような状態でキープしておくことです。そのためには、先人から教わった教えを忘れないようにするため、日々の努力が必要です。日々の努力を続けていると、突然眼前に難しい問題が立ちはだかったときにも、昔の人がどのように対処したのかを思い出し、それを指針とすることができるのです。

「たずねて」とは「物事の意味を研究し尋ねて調べること」を表します。「先人の教え」に対する研究が大切だということです。「古代を研究すること」によって「新しい考え」「新しい技術」が生まれてくるというわけです。

どちらの読み方にせよ、**先人から受け継がれて来た学問を研究し、それをいつでも使えるようにしておく**ことが、トラブルの回避に役立つのです。

現代社会では、あまりにも急速な価値観の変化に翻弄(ほんろう)されて「温故知新」が忘れられているように感じます。もう少しゆっくりしたペースで生きられる社会に変えるためにも、改めて『論語』のこの言葉を味わいたいと思います。

図解・トラブルを回避する方法

古きを温めて
新しきを知る

温故知新

ピンチに遭遇

先人たちの知恵

的確な助言・判断によってトラブルを回避

先人たちは、そのまた先人たちから知恵を受け継いでいます

「知恵はいつでも実践できるように準備しておくことが大切です！」

④自分の師を見つける方法

「三人」の人がいれば「三つ」学ぶことがある

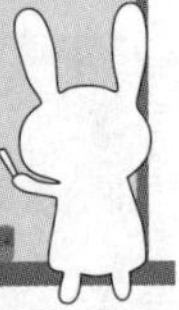

三人行けば、必ず我が師あり。

（述而篇）

超訳

多くの人たちと
お付き合いをしてみると、
その中には自分にとって
師匠と呼べるような人との
出会いがあります。

この言葉には、**三人で行動をしていれば、人にはそれぞれ良いところがあるもので、良いところがあれば、積極的にそれを手本としてどんどん吸収していきなさい**という意味が込められています。

多くの人たちと交流を続けていけば、必ずその交流の中から自分にとって「師」と呼べる人が見つかると孔子は言っているのです。

この「三人行けば、必ず我が師あり」の言葉の後には「其(そ)の善なる者を択(えら)びて之(これ)に従い、其の不善なる者は之を改(あらた)む」という言葉が続きます。

人には良いところばかりがあるとは限りません。悪いところもあります。悪いところがあれば真似をしなければいいのです。

つまり**良い手本も悪い手本も、自分自身にとっては先生のようなものであると**孔子は説いているのです。

この言葉からは「何でも学んでやろう」という、孔子の意欲に満ちた気持ちも伝わってきます。

孔子には特定の「師」がいたわけではありません。このことは、『論語』の中に「夫子、焉にか学ばざらん。しかして亦、何の常師かこれあらん（孔子は、様々な人から学びました。だから特定の師を持つ必要はなかったのです）」（子張篇）と書かれていることからわかります。

孔子は、どうすれば他人を大切に思う心の持ち主になれるのか、そしてその心をどのように政治に活かすことができるかについて、いつも考えていました。

それは、孔子が常に「仁」の思想を学ぼうとしていたことを意味します。

しかし、こんな抽象的なことは簡単に習得できるはずなどありません。現実の社会で人間関係の実情を知らないといけませんし、政治はどのようなしくみで成り立っているのかも、昔にさかのぼって理解しなければなりません。

孔子はこれらのことを習得するには独学では難しいと感じ、師と仰ぐ人を探し続けたのです。

師と出会うためには多くの人と交わるしかありませんでした。たくさんの人と交わって、本当に大切な「仁」という教えを学んだのが孔子だったのです。

図解・自分の師を見つける方法

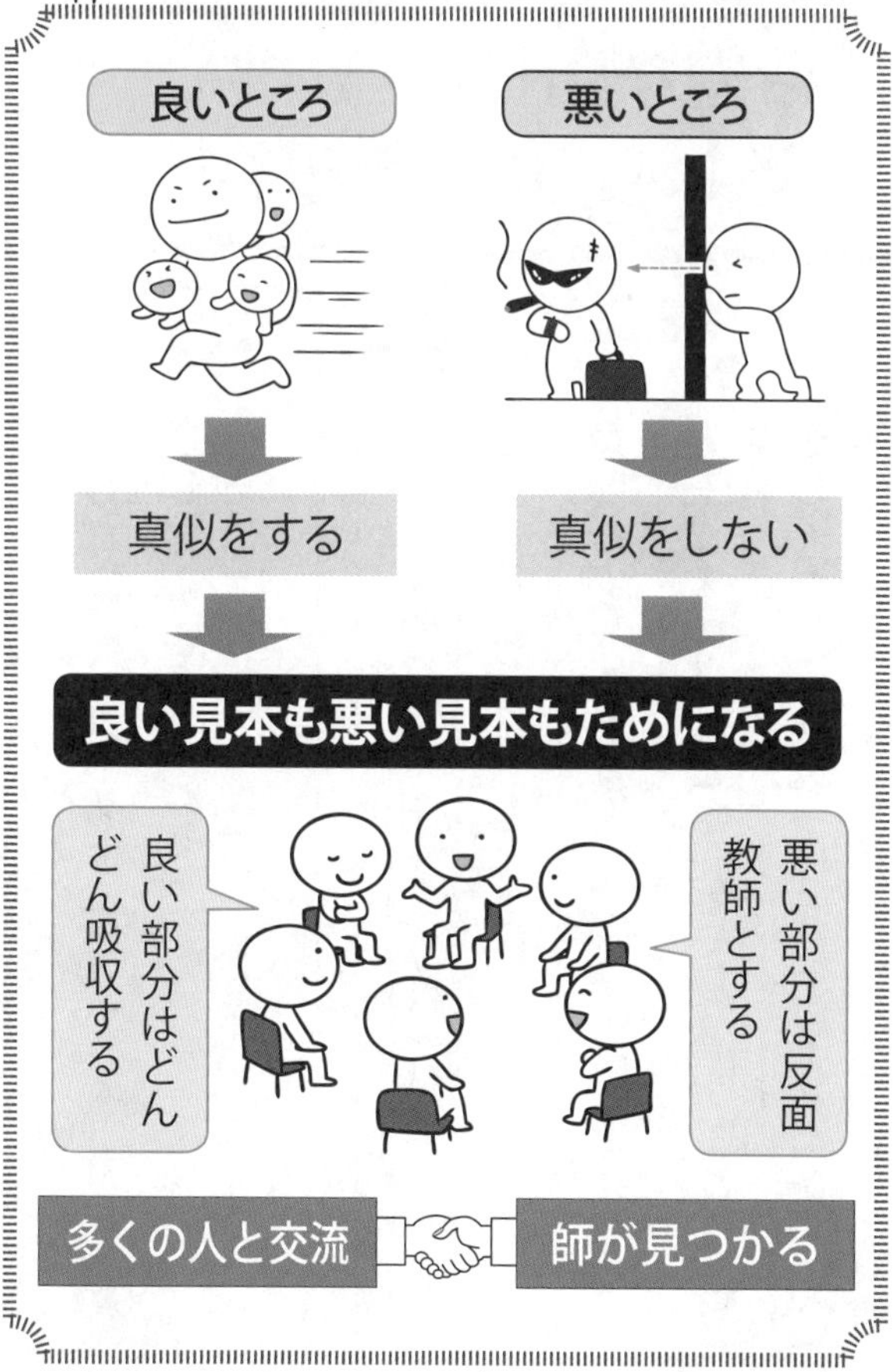
良いところ
悪いところ
真似をする
真似をしない
良い見本も悪い見本もためになる
良い部分はどんどん吸収する
悪い部分は反面教師とする
多くの人と交流
師が見つかる

⑤充実した毎日を過ごす方法

努力が苦にならない「楽しむコツ」を知る

不義にして富み、且つ貴きは、我に於いて浮雲のごとし。

（述而篇）

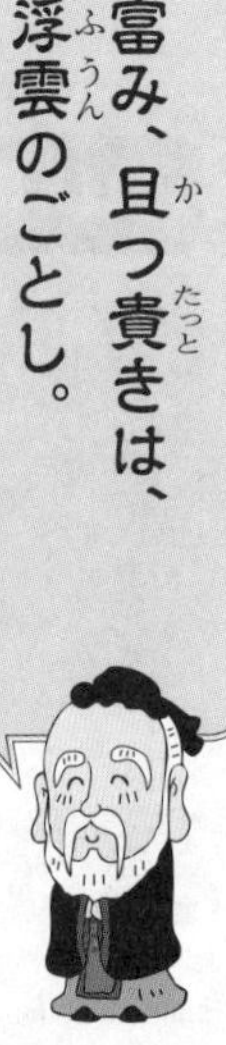

超訳

悪いことまでして出世したり、
金持ちになったりしても
意味がありません。
人生で大切なことは正直に生き、
そして楽しみを見つけることです。

この言葉には、**「人から後ろ指を指されるようなことをしてお金儲けをしても、けっしていい人生を送ることができません。たとえお金がなくても好きなことをやりながら過ごすことができれば、充実した人生を送ることができます」**という孔子の思いが込められています。

不当な方法で金持ちになったり、人を押しのけて出世したとしても、明るい未来が待っているとは限りません。今はうまくいかなくても、目標へ向かってコツコツと努力を続けると、その努力はやがて実を結び、明るい未来を切り開くことができると孔子はこの言葉を通じて説いています。このように、孔子は常に**「自分自身に正直に生きること」「人を大事に思う心」**を大切にしていました。

孔子は賄賂（わいろ）や汚職などが蔓延（まんえん）する世の中を憂えていました。どうして人は「富」や「高い地位」ばかりを求めてしまうのかと悩んだものです。

もちろん、孔子は「富」や「高い地位」を求めることを完全に否定していたわけではありません。賄賂や汚職のような汚いことまでして、「富」や「高い地位」を求めてしまうことがいけないと言っているのです。不正な行為によってお金持ちになったり、高位高官になったりしても、それは空に浮かんだ雲のようにはかないものだと孔子は説いています。

「できることはなんでもするが、できないこともある」という意味で、「不義にして富み、且つ貴きは、我に於いて浮雲のごとし」を体現したエピソードがあります。最愛の弟子、顔回が亡くなった葬儀のとき、顔回の父親、顔路（がんろ）と孔子の間に起きた話です。顔路は非常に貧乏で、息子（顔回）の棺桶（かんおけ）を飾るためのお金を持っていませんでした。そこで顔路は孔子に「先生の車を売って顔回の棺桶を飾る資金を私にくださいませんか」と頼んだのです。

しかし、孔子はそれをハッキリ断りました。どうして断ったのでしょうか。

自分の力でできないことを、人からお金を用意させてまですることは、「不義」になると考えたからです。孔子も顔路と同じく、自分の息子が死んだときには非常に貧しく、棺桶を飾ってあげられませんでした。自分の息子の葬儀のときにも十分な供養（くよう）ができなかったのだから、いくら顔回のためとはいえ、自分の車を売ってまでお金を用意することとはできないと考えたのでしょう。

図解・充実した毎日を過ごす方法

自分自身に正直に生きる！
人を大事に思う心
後ろ指を指されることをしてはいけない
富
高い地位
不正をしてはいけない
不正行為
幸せになれない
お金がなくても「幸せな人生」は送れます。不当な方法で金持ちになっても意味がありません

⑥未来を切り開く方法

すぐ結果が出なくても焦らず、一歩一歩進む

君子は道を憂えて貧しきを憂えず。
（衛霊公篇）

超訳

自分自身が貧しいと悩むことはありません。
気持ちだけは常に前向きに生きていけば、必ず道は開けるものです。

この言葉は「自分自身が立てた目標を達成できる人は、何をすべきか知っている人、すなわち信念を持っている人である」ということを教えています。

今はうまくいかなくても、心配することはありません。苦しいのは今だけです。**明日は今日よりいい日になると信じ、ポジティブに一日一日を過ごしていけば、やがて道は開けます。大切なのは常に希望（志）を持ち続けることだ**と孔子は説いています。ビジネス社会でたとえるなら、自分は今何をすべきなのか、何をすれば道が開けるのかを考えることが重要なのです。強い信念を持ち続けることができれば、必ず自分の立てた目標を達成できるからです。

何をするにしても、すぐに成果が出ないと焦ってしまうものです。ときには「自分は何のために生きているのか」と悩んでしまうこともあるかもしれません。しかし、そんなことは、どうでもいいことなのです。**大切なのは「自分はどう生きるか」である**と孔子は説いているのです。

自立した人は、「どう生きるか」を常に考えているものです。「毎日の生活費をどのようにして稼ごうか」をあまり考えてはいません。

生活費を稼ぐことばかり考えると、逆に経済的に困窮（こんきゅう）する場面に直面することがあるからです。

さらに自立している人は、**「どうすれば自分が納得できる一生を送ることができるか」、「自分はどう生きるべきか」**を第一に考えています。「どうやって日々を乗り越えていこう」などとは、あまり考えていないものです。

この言葉から、うまくいかず、貧しくなったらどうしようと、心配ばかりして毎日を過ごしてもそれは杞憂（きゆう）であり、「今、何をすべきなのか」を優先して考えることが大切であることがわかります。

孔子は友人と一緒によく歌を歌っていました。相手がうまく歌うと、自分はいったん歌うのを止め、相手の歌声に自分の声を合わせて歌ったと言われています。「人と一緒に歌う」ことは、雑念を払って「今」に集中し、歌詞の内容を体得することでもあります。孔子は貧しい生活の中でも身近に「道」を学ぶことができる「歌」があると考え、貧しさを憂えることはありませんでした。

歌を通じて、自分なりに納得する生き方を見つけ出そうとしていたのです。

図解・未来を切り開く方法

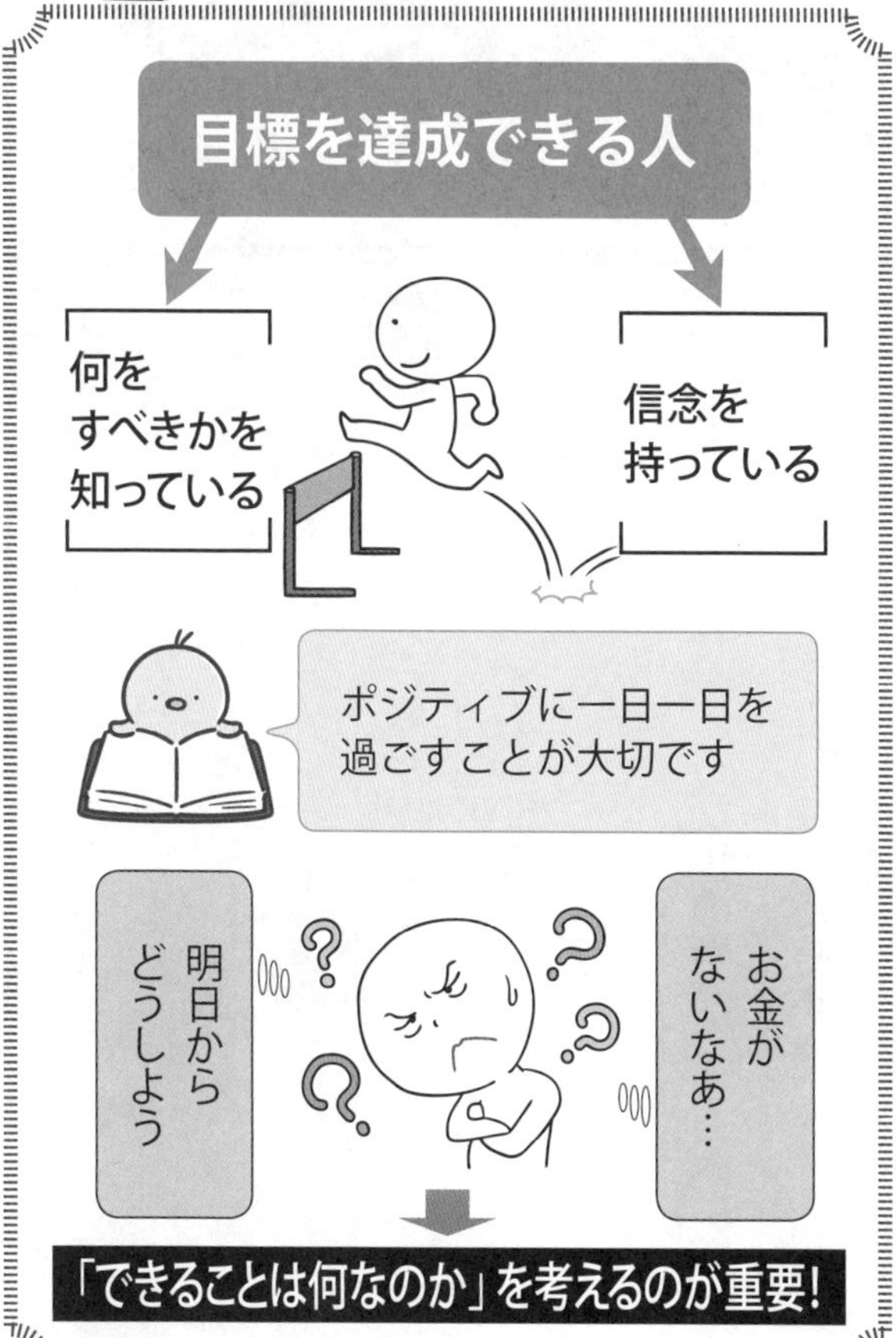

目標を達成できる人
何をすべきかを知っている
信念を持っている
ポジティブに一日一日を過ごすことが大切です
明日からどうしよう
お金がないなあ…
「できることは何なのか」を考えるのが重要!

⑦人から慕われる方法

自分が「何を求められているか」を考える

老者はこれを安んじ、
朋友はこれを信じ、
少者はこれを懐けん。

（公冶長篇）

超訳
年老いた人たちが安心して暮らせ、
信頼しあえる友がいて、
そして若者たちが
大事にされるような世の中が
私の理想とする国家の姿です。

「老者」とは年老いた人、「朋友」は友人、「少者」は若い人という意味です。

つまりこの言葉は**「年老いた人に対しては安心感を与え、友だちからは信頼が得られ、また若い人たちからは慕ってもらえるような人になりたい」**ということを言っています。「この言葉は、弟子である子路と顔回から「先生の志は何ですか？」と問われたときに孔子が答えた言葉です。

孔子にとって子路と顔回は弟子の中で、最も気軽に話ができる間柄だったと言います。

この言葉の前に孔子は、二人の弟子にも「おまえたちの志はどういうものだい？」と同じ質問をしていました。

子路は「車、馬、上等の上着、毛皮のコートなどを友だちに貸し、ボロボロになるまで使った後に返してもらったとしても、貸さなければよかったと思わないような人になりたいと思います」と答えました。

顔回は「善いことをしても自慢せず、皆が嫌がる仕事は自分から率先して行い、人に押しつけないような人になりたいと思います」と答えました。

二人とも、**「人としてどうあるべきか」という視点**から答えています。

孔子には約三千人の弟子がいたと言われますが、子路は孔子より九つ下、顔回は、三十歳も年下の弟子でした。孔子より年上の人で弟子になった人もいますし、五十歳ほども年下の弟子もいました。

皆、孔子の人となりを慕って集まってきた人たちです。孔子は老若を問わず、皆から慕われる人になりたいと望みました。そしてどうすればそんな人になれるか、常に実践していたに違いありません。

また、孔子は約三千人の弟子たちに、「幸せな生き方とは、どんな生き方なのか」を説いていました。多くの人たちは、「自分にはどんな志があるのか」を自問自答したとき、明確な答えを見出すことができないものです。

明確な志が見つからないときは、**「人としてどのような行動をすればいいか」を考えればいい**ことをこの言葉から導くことができます。

ここで孔子が説いている「志」とは、現代の言葉に置き換えると、「希望」という言葉が一番ぴったりすると思います。

図解・人から慕われる方法

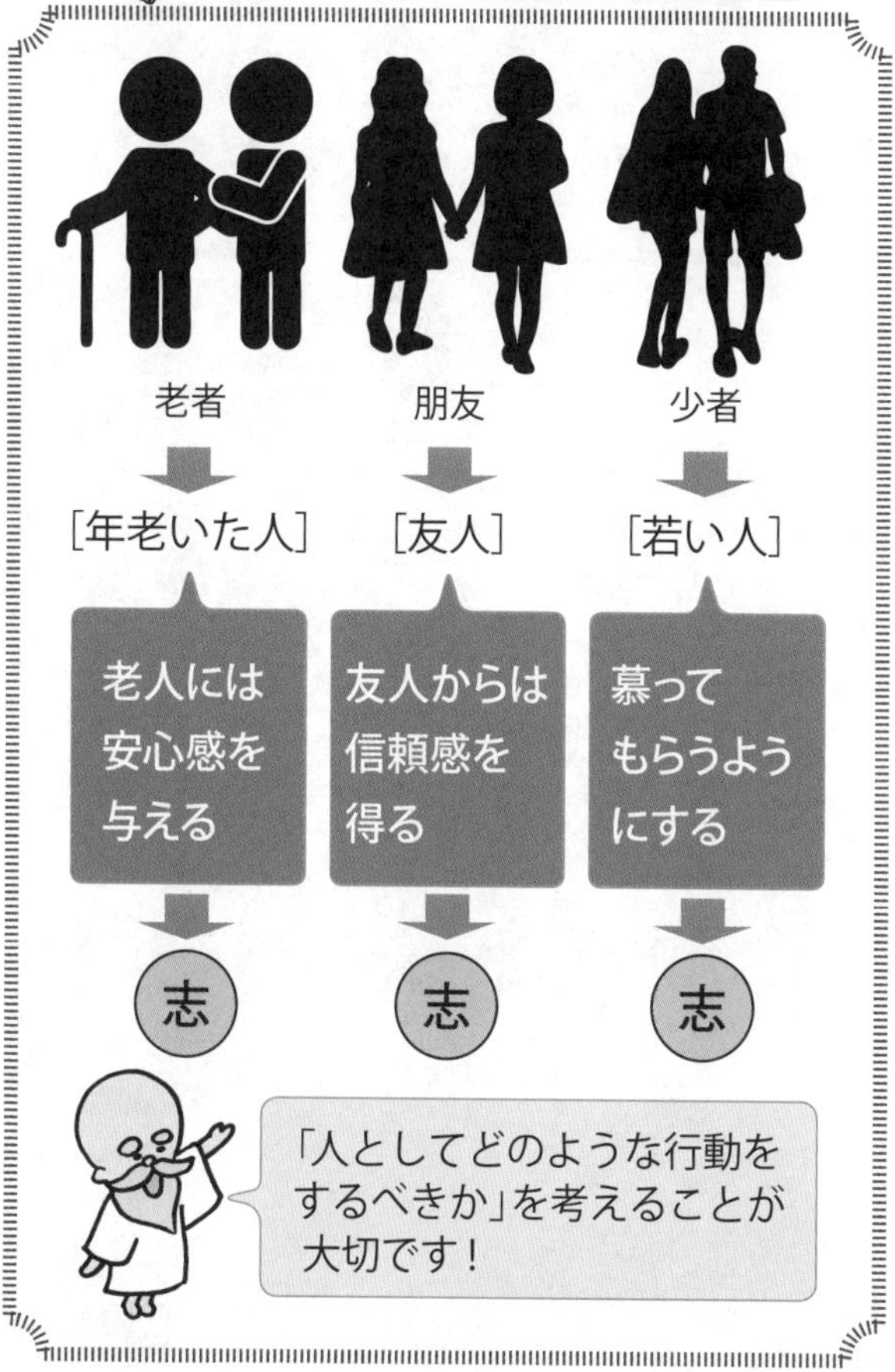

老者
朋友
少者
［年老いた人］
［友人］
［若い人］
老人には安心感を与える
友人からは信頼感を得る
慕ってもらうようにする
志
志
志
「人としてどのような行動をするべきか」を考えることが大切です！

⑧「強い志」を持つ方法

他人が変えることのできない「もの」を持つ

三軍も帥を奪うべきなり。
匹夫も志を奪うべからざるなり。
（子罕篇）

超訳

多くの兵に守られている大将でも、
負けてしまうことがあります。
しかし志というものは、
誰ひとりとしてそれを変えたり
奪ったりすることはできません。

ここで言う「三軍」とは、「大軍の兵力」のことを指しています。古代中国では「一軍」は一万二千五百人ですから、三万七千五百人にも及ぶ兵力です。

「これだけの兵力で守られている総大将であったとしても、敵から攻められて負けてしまうこともある」と孔子は言います。その理由は二つあります。

ひとつは、総大将が「総大将としての役割」を果たしていないときです。つまり総大将が、戦いに勝つという「志」＝強い意志を持って、三万七千五百人という大軍の兵隊一人ひとりの力を存分に働かせていない場合です。

もうひとつは、敵側に総大将の命を奪おうと入念な作戦を練り、それを実行する人がいた場合です。敵を倒してやろうという意志が強ければ強いほど、総大将が倒される可能性が高いものだからです。

人の意志は他人が奪い取ることのできない尊いものであり、強ければ強いほど目標を達成することができます。**目標へ突き進む「志」を持つことが大切である**ことを、孔子はこの言葉を通じて私たちに教えています。

ビジネスの世界でも同じことが言えます。社員数が一万人を超えるような大企業の社長でも、なんの努力もせずに経営をしていたらどうでしょうか。

やがて会社は衰退し、社長は更迭されることでしょう。反対に十人程度の会社でも「世界一になるんだ！」という強い志を抱き、一丸となって目標へ向かって努力を続ければ、大企業を打ち倒すことだって可能です。その志はそう簡単に崩れるものではありません。『論語』の中には何度も「志」について説いている場面があります。それほど、孔子にとって「志」は大切だったのでしょう。

孔子は、五十八歳のとき、衛国の匡（現・河南省長垣市）で、五十日間、兵隊に囲まれ、殺されるかもしれない危険にさらされたことがありました。

このとき孔子は「天は文化を滅ぼそうとしているのか、私は後世に正しい教えを伝えるために生まれてきたのだ。天が私を殺すはずはない。匡の人がいったい、天の意志を変えることなどできるはずがない」と言います。**強い志はどんな人でも奪うことができない**ことを、孔子が強く信じていたことが伺えます。

孔子はいつも自分に大きな目標を課しました。そして目標達成へ向け強い志を持ち続け、自分を日々成長させていったのです。

図解・「強い志」を持つ方法

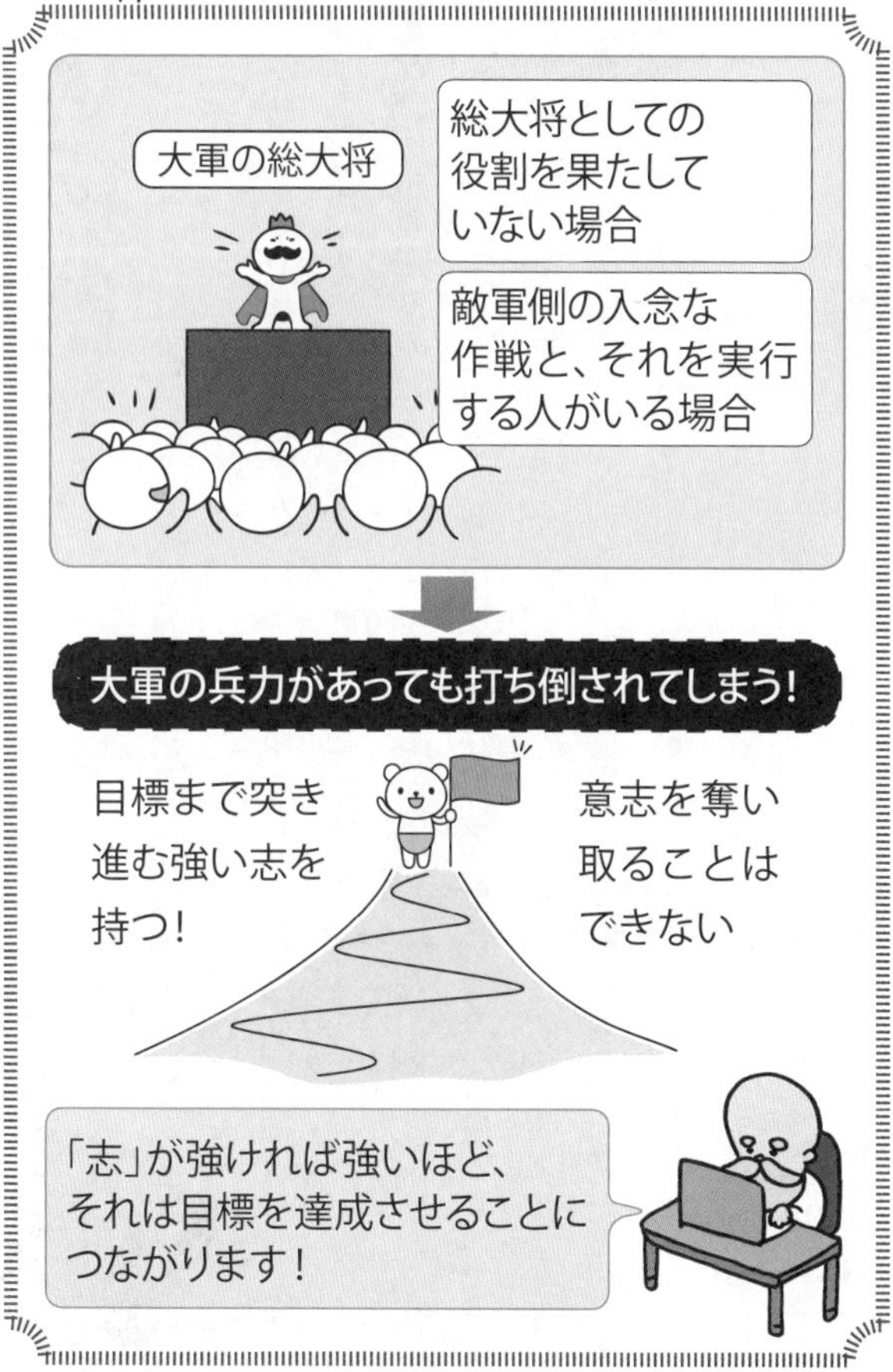
大軍の総大将
総大将としての役割を果たしていない場合
敵軍側の入念な作戦と、それを実行する人がいる場合
大軍の兵力があっても打ち倒されてしまう!
目標まで突き進む強い志を持つ!
意志を奪い取ることはできない
「志」が強ければ強いほど、それは目標を達成させることにつながります!

つい人に話したくなる 論語の世界②

――戦国前夜！ 孔子が生きた「春秋時代」とは？

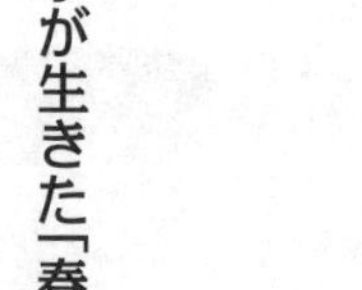

孔子（紀元前五五一～前四七九）が生きていたのは、周王朝の「春秋時代末期」と呼ばれる時期です。

諸国が弱肉強食の血みどろの戦いを始める「戦国時代」が、紀元前四五三年に始まる（諸説あり）とすれば、孔子はその前夜に生きていたと言えるでしょう。

春秋時代末期という時代を知るために、そもそも周王朝がどのような理念で成立した王朝だったのかを知っておくと、孔子の思想も理解しやすくなります。周王朝の創建の事情をまずは捉えておきましょう。

周王朝の前にあったのは、殷王朝（中国では「商王朝」とも）と呼ばれる王朝でした。この殷王朝の最後の王・帝辛（紂王）は、まったく徳がなく、諫言する人であれば親戚でも無慈悲に殺す人だったと言われています。紀元前一一〇〇年頃のことです。

現在の陝西省西安市に拠点を持った「周（地方の名前で、殷に従属する「国」）」から起ち上がった文王とその長子の武王は、「殷王朝の天命が尽きた」として軍隊を組織し、帝辛を攻めたのです。帝辛の軍はこのとき七十万人と言われますが、奴隷を集めた軍隊で、ほとんど戦うこともなく大敗してしまいます。

帝辛は、自殺。死体は周の武王によって鉾で首を断たれたのでした。このとき、すでに文王は亡くなっており、武王が周の王になります。

そして、文王の子で、武王の弟である周公・旦が「封建制」という政治体制を創案するのです。殷を滅ぼすにあたって貢献度の高かった

周王朝（紀元前1046年頃～紀元前256年）

西周（～紀元前771年）　東周（春秋戦国時代）

孔子が生きていたのは東周の前半期にあたる春秋時代の末期頃でした

［周は中国で最も長く続いた王朝です］

人々を「公・侯・伯・子・男」という爵位を設けて地方を治めさせるという方法です。たとえば孔子が生まれた「魯」は、周公・旦が譲り受けた国です。

また、『論語』の中にもよく出てくる「斉」という国は、文王と武王の軍事顧問であった呂尚に譲られた国でした。さらに孔子を経済的に支えた弟子・子貢の出身地である「衛」は、文王の九男である康叔を初代君主とする国です。

このように、本来なら周王朝に従属する国々は、互いの深い関係を維持して援助し合うことで、戦争など起きない状態を保つことができたはずだったのです。

ところが、周王朝の創建から五百年を経て、孔子の時代になると、自分たちの「国」が武王から譲られたことなど忘れ、それぞれの君主が、自国の領土拡大と経済的発展を目指して、他国の侵略を始める状況になってしまうのです。

これが、「戦国時代」と呼ばれる時代ですが、孔子が生きていたのは、まさに「戦国時代」に突入する直前です。

孔子は、まもなく戦乱の世の中に突入し、弱肉強食の血みどろの戦いが起こることを察知し、これを食い止めるために「仁」の思想を説いたのです。

戦国前夜！ 孔子が生きた「春秋時代」とは？

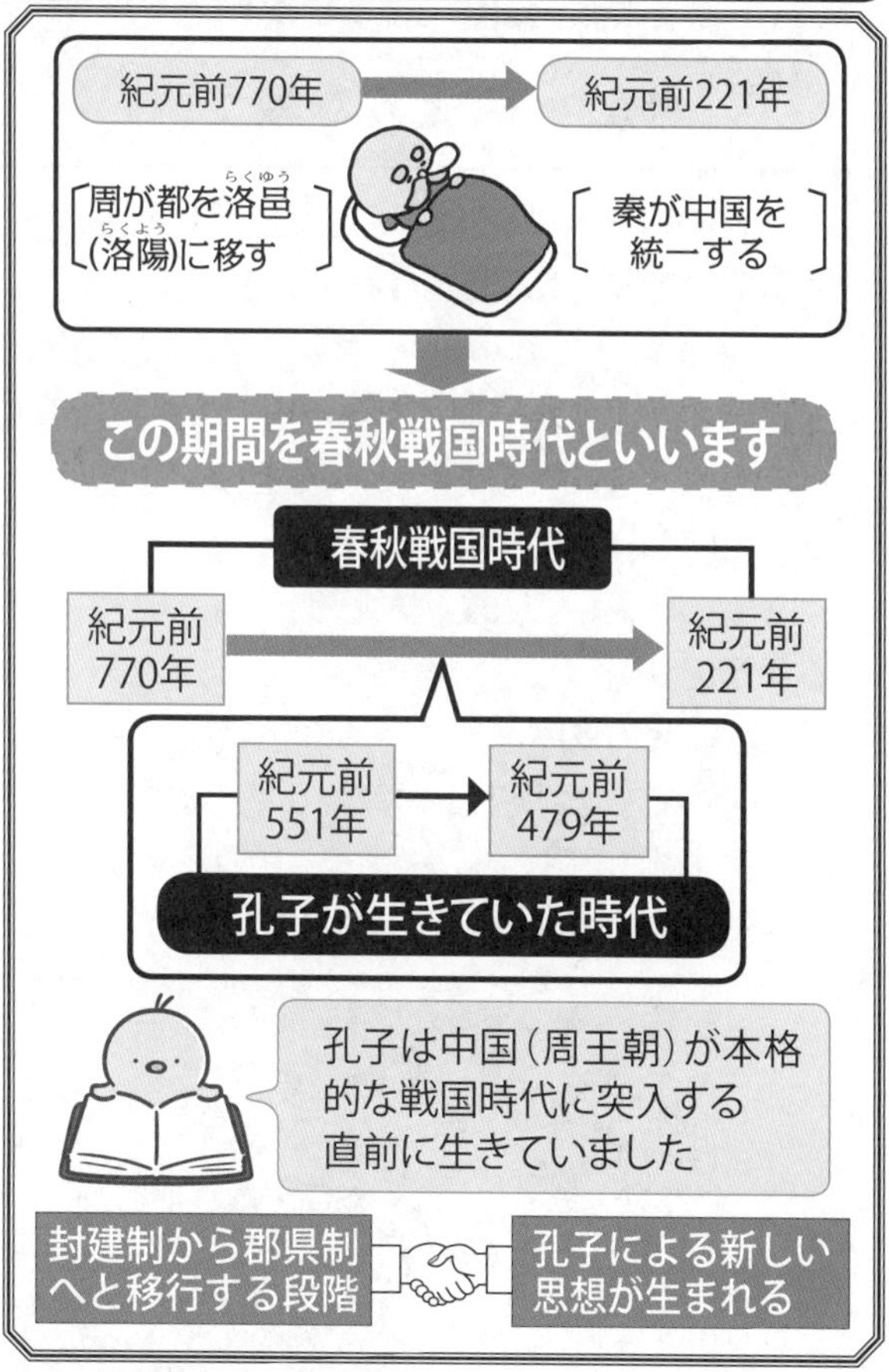
紀元前770年
紀元前221年
周が都を洛邑（洛陽）に移す
秦が中国を統一する
この期間を春秋戦国時代といいます
春秋戦国時代
紀元前770年
紀元前221年
紀元前551年
紀元前479年
孔子が生きていた時代
孔子は中国（周王朝）が本格的な戦国時代に突入する直前に生きていました
封建制から郡県制へと移行する段階
孔子による新しい思想が生まれる

論語コラム２

「儒教」って、どんな教え？

儒教の教えの中核は、「五倫五常（ごりんごじょう）」と呼ばれるものです。「五倫」とは、人との関係です。親子の愛情である「親」。君臣の間の「義」。夫婦それぞれの役割があると説く「別」。年長者と年少者には順番があると説く「序」。友人との間にある「信」。

「五常」とは人のあり方です。他人に対する愛情である「仁」。人としての筋道である「義」。社会的秩序として守るべき「礼」。善悪の判断力である「智」。言葉としての誠意を表す「信」。「五倫」と「五常」は重なる部分もありますが、普遍的な教えを説いたものです。

第2章

「人間関係」に悩まない・迷わない論語の言葉

①人から嫌われない方法

他人からされたくないことは、他人にしない

己の欲（ほっ）せざる所は、
人に施（ほどこ）すこと勿（な）かれ。

（顔淵（がんえん）篇・衛霊公（えいれいこう）篇）

超訳

自分がして欲しくないと思うことは、
相手に対しても
やってはいけません。

自分自身が他人からされて嫌なことは、他人に対してもやってはいけません。いつも「他人の気持ちになって物事を考える」ことの大切さを教えている孔子の言葉です。

自分の価値観を相手に強要することも、同様に好ましくないことであることが、この言葉から理解できます。

自分がおもしろいと思った映画があったとします。「こんなにおもしろい映画はない」と思い込み、友人に「絶対に見るべき」と強引に誘ったことはないでしょうか？　しかし、相手にとってはその映画が「おもしろくない」かも知れません。**自分自身の価値観と相手の価値観は異なる**ものなのです。

良好な人間関係を維持するためには、常に相手の気持ちになって物事を考えることが大切です。自分が不快と感じることは、相手も不快に感じるものだと思わなければなりません。自分自身がされて嫌なことは、すぐにわかります。それは同時に、相手も嫌がることだと意識しなければなりません。その気持ちが大切なのだと、孔子はこの言葉を通じて私たちに教えているのです。

「己の欲せざる所は、人に施すこと勿かれ」は二人の弟子が孔子に対して質問をしたときに答えた言葉です。ひとりの弟子は子貢です。子貢は孔子に「人が生きていくうえで大切なことは何ですか」と問いました。もうひとりの弟子は仲弓(ちゅうきゅう)です。仲弓は「仁とは何ですか」と単刀直入に質問をします。この二人からの問いに対する答えが、「己の欲せざる所は、人に施すこと勿かれ」でした。

人が人として生涯守り通さなければならない基本は、「自分が人からされて嫌だと思うことは、けっして人にしない」ことなのです。

孔子はそれを「仁」だと考えていました。

「仁」とは、わかりやすく言えば「人を大切に思うこと」です。これは、人が生きていくための基本です。

人として相手にどう接すればいいのか、人として仕事を進めるときにはどう接すればいいのか、常に考え続けている人は少ないものです。人との付き合いに慣れ、仕事に慣れてくれば、人として生きていくうえでの基本をつい忘れてしまうときもあると思います。これを孔子は戒めているのです。

図解・人から嫌われない方法

人からされて嫌な気持ちになること
他人の気持ちになって物事を考えることが大切
他人に対して同じことをしてはいけない
良好な人間関係
相手の立場になって考える
自分にとって不快に感じること
他人にとって不快に感じること
自分自身がされて「嫌なこと」は相手にとっても「嫌なこと」なのです！

②悔いのない親孝行をする方法

親が子を思う気持ちに思いをはせ、感謝する

父母にはただその疾（やまい）を
これ憂えしむ。

（為政（いせい）篇）

超訳

お父さんやお母さんが
最も気にかけていることは、
子どもが健康であることです。

親に心配をかけてはいけません。もし心配させることが許されるのなら、それは「疾（やまい）」にかかったときだけです。これがこの言葉の直接的な意味です。

両親は子どもが常に健康でいて欲しいと願うものです。ですから**本当の親孝行は、子どもが心身ともに健康でいることだ**と、孔子はこの言葉を通じて私たちに教えているのです。

ここでいう「疾」とは一般的な病気のことを指す「病」ではなく、感染症のような突然かかってしまう病気のことを指しています。

「父母にはただその疾をこれ憂えしむ」は、「自分の身体を大切にして、病気になったりケガをしたりするのではないよ。子どもが健康であることを、親は一番願っているのだから」という意味です。

この言葉は、孔子の故国、魯の大夫（たいふ）（大臣）・孟懿子（もういし）の長男である孟武伯（もうぶはく）が、孔子に対して「孝」とは何かと聞いたときの答えでした。

親というものは、いつの時代も子どもの健やかな成長を願うものです。それに応えるために、子どもは健康でいなければなりません。

子どもが健康であれば、親子の愛情がさらに深くなると孔子は教えています。

「親子」は血縁という点では決して切り離せない関係ですが、紀元前五〇〇年頃の平均寿命は約三十歳と言われていて、現代より著しく短かったのです。

それは「一世代」の「世」が「三十」を表すことからも明らかです。「世」は今でも「丗」「卋」など、数字の「三十」を意味する異体字として残っています。

当時、結婚して子どもを産む年齢は平均十五歳でした。つまり十五歳で結婚し、それから十五年間子どもを育て、子どもが一人前になった頃、三十歳になった親は亡くなってしまうのです。

現代のように医学や薬学が発達していなかった時代の人の一生とは、このようなはかないものだったのでしょう。

こうした環境下だけに、親は子どもをとても大事に育てたと想像できます。子どもが結婚して、二世が産まれる。すると子どもは自分を一人前にしてくれた親に対し、さらに大きな感謝の気持ちを抱くことになるのです。

図解・悔いのない親孝行をする方法

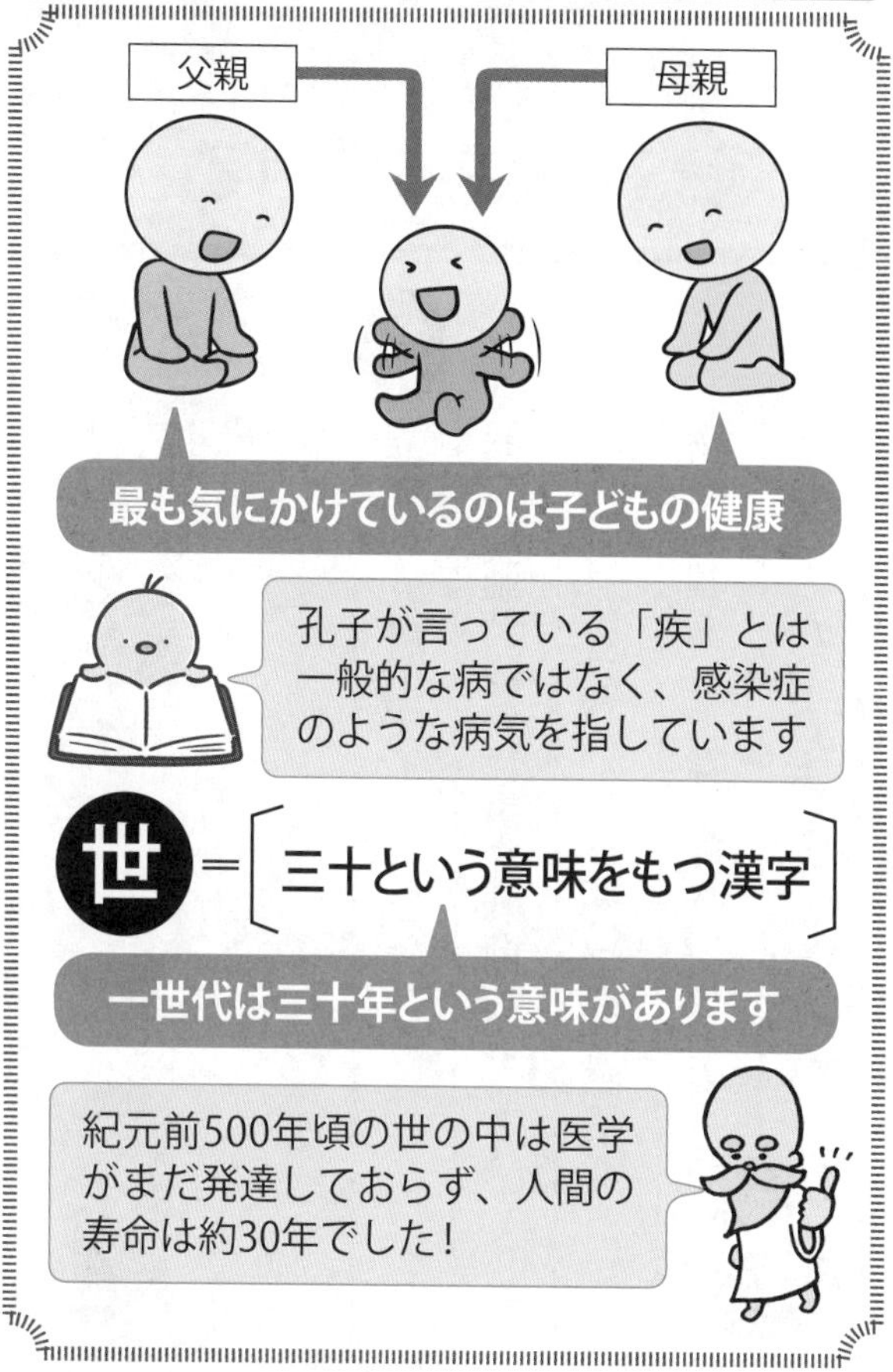

父親
母親
最も気にかけているのは子どもの健康
孔子が言っている「疾」とは一般的な病ではなく、感染症のような病気を指しています
世＝［三十という意味をもつ漢字］
一世代は三十年という意味があります
紀元前500年頃の世の中は医学がまだ発達しておらず、人間の寿命は約30年でした！

③人を正しく評価する方法

人を見る目の「視野」はなるべく大きく広げる

君子は周（しゅう）して比（ひ）せず。
小人（しょうじん）は比して周せず。

（為政（いせい）篇）

超訳

立派な人は公平で
偏った価値観で物事を判断しません。
これに対して、つまらない人は感情で
物事を判断し、公平な物の見方を
することができません。

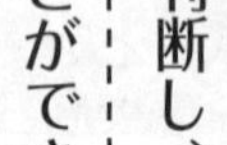

君子とは「立派な人」、小人とは「つまらない人」という意味があります。

人として大切なことを「君子とはどういう人なのか」、「小人とはどういう人なのか」と対比しながら教えている言葉です。

「周」とは、**「公平」「公正」**を意味します。これに対して「比」は「偏ること」です。

つまり「君子は周して比せず。小人は比して周せず」は、**立派な人（君子）は、自分の考え方や利害関係など無視し、公平な視野で人と付き合うことができます**が、つまらない人（小人）、すなわち視野の狭い人は、自分の意見に賛同する人や利害関係や感情などによって大きく左右され、公平な視点を持つことなく、人と付き合うものだと言っています。

ビジネス社会で、自分の意見に常に賛同するイエスマンばかりを自分の周りに置き、少しでも異を唱えるような者が現れると、その人を避け続けるリーダーを見かけます。このような人はけっして、素晴らしいリーダーとは言えません。やがて組織には軋轢（あつれき）が生まれ、組織の崩壊にもつながりかねません。

反対に自分の意見とは異なった意見にも耳を傾け、公平な判断を下すリーダーが率いる組織には活発な人間関係が生まれ、やがて組織全体の力も強くなっていくものです。

『論語』では君子という言葉は「立派な人」という意味以外にも、「上に立つ人」という意味でも使われています。具体的には為政者を指します。

政治を行ううえでもっとも重要なことは何でしょうか。孔子が生きていた時代から重視されている、為政者が守るべきことのひとつが「公平」「公正」ということです。為政者が、臣下に与える「賞罰」が公平であるかどうかは、国政にも大きな影響を与えます。**偏った物の考え方をして「好き」「嫌い」で人を判断することほど、為政者として人間関係を混乱させることはありません。**

「十人十色」という言葉があるように、人は一人ひとり、考え方が違います。同じ「賞」を得ても、ある人はそれを喜び、ある人はそれを悪く思うこともあるのです。「好き」「嫌い」で物事を判断することは、人生の可能性を狭めることになってしまいます。広い視野から物事を見て、偏らないようにすることが大切だと孔子は教えているのです。

図解・人を正しく評価する方法

小人
〈比較する〉
君子
（つまらない人）
（立派な人）
人として大切なことを教える
［君子は周して比せず。小人は比して周せず。］
周
公平・公正
比
偏ること
立派な人は利害関係や感情などと無関係に、公平な視野で物事を判断し、人と付き合うことができる！

④自分を理解してもらう方法

「正しいこと」をすれば「理解者」が必ず現れる

徳は孤(こ)ならず。必ず鄰(となり)有り。
（里仁(りじん)篇）

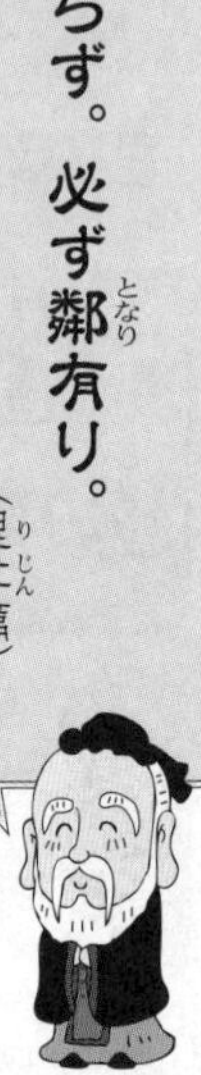

超訳

正しい行いをしている人は
ひとりぼっちにはなりません。
必ず心の通じる仲間が現れます。

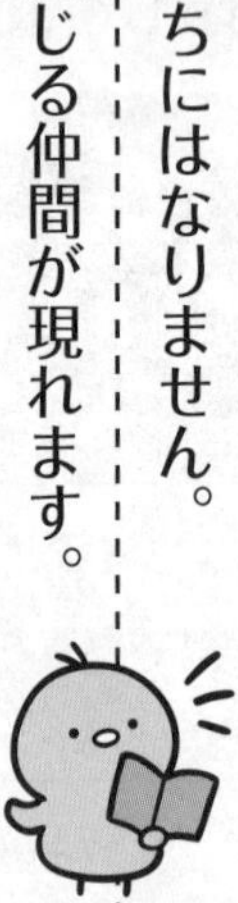

信念を持って正しい行いを続けている人には、必ずその行いを理解してくれる仲間が現れるものです。すなわち「孤独」には決してならないということを言っているのがこの言葉です。「徳」は『論語』では何度も出てくる言葉ですが、この場合の「徳」は品格の備わった、まっすぐ正直に生きている人のことを指しています。「鄰」には仲間という意味があります。

孔子は「徳は孤ならず」と言いますが、「徳」という漢字は古くから、「得」という漢字で解釈するようにと注釈が付けられています。「トク」という発音が共通するからでもありますが、「徳」には「心」という漢字がついているように、「心」で「得る」ことを表します。「心」で何を「得る」かと言えば、それは「相手の心」です。

人は必ず何かを必要としています。生きるうえで必要な「衣食住」はもちろん、「仕事」「地位」「お金」なども必要でしょう。

人が何を必要としているのかを知り、自分ができる範囲でやってあげると、相手は喜ぶものです。**「徳」という言葉は、相手を喜ばせることによって「相手の**

心」を「得る」ことを指しているのです。

それは政治においても同じです。

民衆が必要とするものが何かを知り、それを適切に与えることによって民衆の「心」を獲得し、人の心を束ねてまとめていくことができると孔子は言っています。それが「徳政」（仁徳ある政治）の基本です。

「徳を積む」のはとても難しいことだと人は思いがちですが、じつはそうでもありません。

「積徳」とは、相手が何を思っているのか、何を必要としているのかを知り、**常に相手のためになることを考えて、自分ができることをしてあげる、その積み重ねのこと**を指します。

人が幸せを感じるための条件のひとつに、「深い人間関係」があるといわれています。小さな子どもでも年老いた人でも、他者との深い人間関係が築かれていることによって「孤独」というやりきれない気持ちを払拭（ふっしょく）することができます。

この深い人間関係は、まさに「積徳」によって実現するのです。

図解・自分を理解してもらう方法

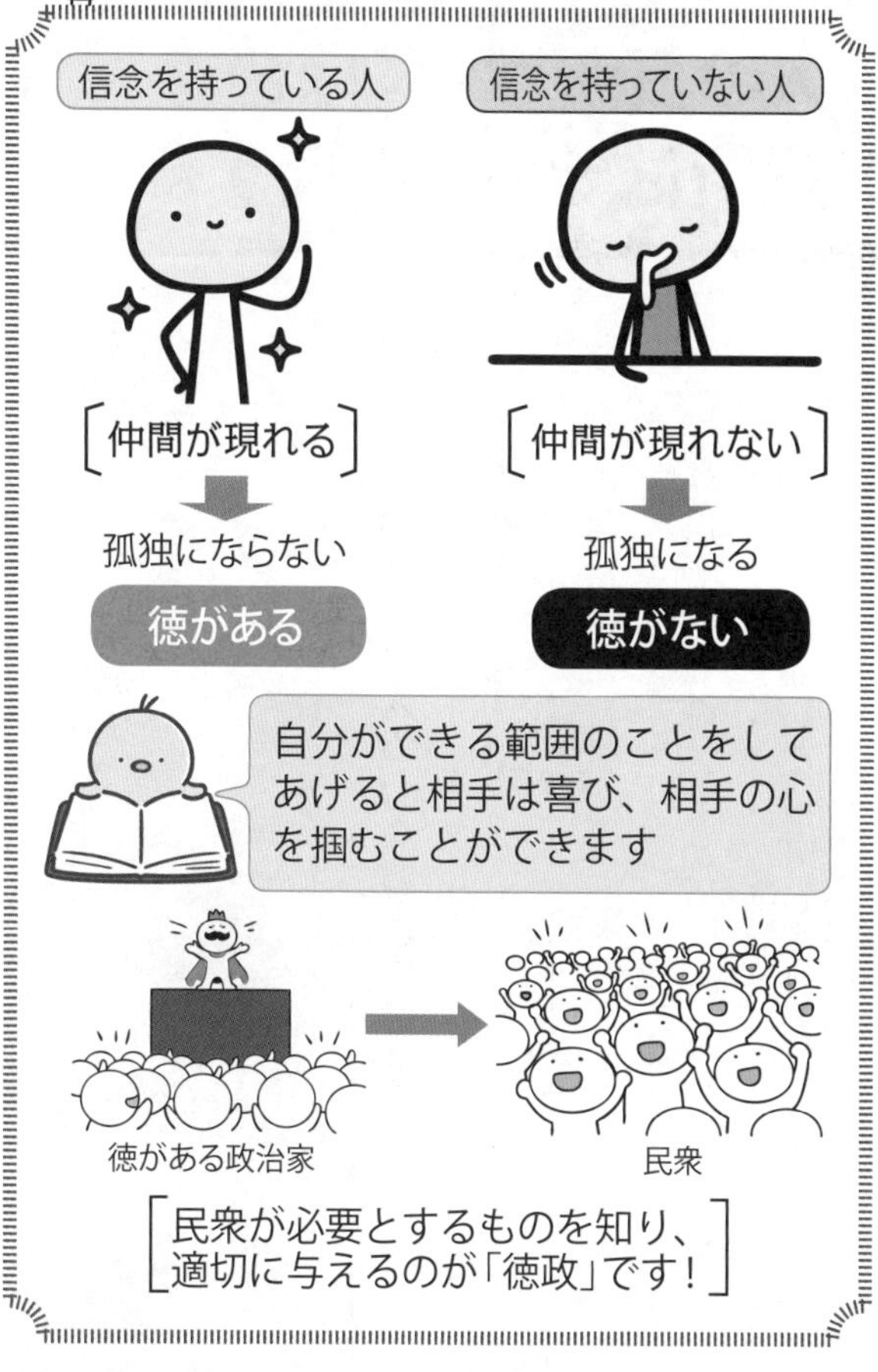

⑤人を惹きつける方法

人の長所はよくほめて短所はそっと指摘する

君子は人の美を成して、
人の悪を成さず。
（顔淵篇）

超訳

信用があり、人の心を惹きつける
ことができる人は、
長所はほめたたえ、
短所はそっと教えてあげ、
けっして揶揄したりはしません。

「人の美」とは良い部分や長所のことです。反対に「人の悪」とは悪い部分や短所のことを指しています。**相手の良い部分はほめてあげ、悪い部分があれば指摘してあげることの大切さを表している言葉です。**

人は誰でも一つや二つ、欠点があるものです。

過ちを犯してしまった人もいるでしょう。しかし過ちを認め、過ちに対して反省の意がある人に対しては、過去の過ちを水に流してあげるべきだということを、孔子はこの言葉を通して私たちに教えているのです。

人の心を惹きつけられる人は、人からの信用や信頼を得ているものです。人の長所はどんどんほめ、短所はそっと指摘してあげることで、徐々に信用や信頼を得ていきます。その結果、良い人間関係が築かれるのです。

ビジネス社会でのリーダーは、人に指示を与える場面が多いものです。**立派なリーダーとは一方的に指示や命令を下すのではなく、「徳」によってそれが行える人です。**

すなわち「人の心を惹きつける力」を身につけた人です。その人が「こうした方がいい」と指示を出せば、人は「あの人が言うのだから」と従うようになります。すなわちこれが本当の「信用」なのです。

孔子は君子と呼ばれる人たちは、**他人の良い行いや成功を心から喜んであげられる人**だと言っています。そして、良い行いや成功を全面的に支持して実を結ぶように導いてあげることも大切であり、失敗や悪事について、それを揶揄したりしない人だとも言っています。

人の失敗や汚点、マイナス面を言い出したらきりがありません。言う人も言われる人も、聞く人もなんとなく嫌な感じになるものです。

しかし相手のことを思うのであれば、**悪い部分はさりげなく教えてあげるのが、長期的に見ればその人のためにもなるのです**。指摘された人は、そのときは嫌な気持ちになるかも知れません。しかし結果的に指摘されたことがその人を成長させ、やがて、指摘した人は相手からの信頼を得るのです。

人に隠れて悪口ばかり言う人を見かけますが、そんなことを続けているようでは、けっして人から信用や信頼を得ることはできません。

図解・人を惹きつける方法

人の美 ＝〔良い部分や長所〕
人の悪 ＝〔悪い部分や短所〕
人の良い部分があればほめてあげ、悪い部分があれば指摘してあげることが大切です
人の心を惹きつける人
信用や信頼を得ている
良い人間関係を築ける
悪い部分をさりげなく指摘してあげる
信頼を得ることになる!

⑥人から信頼される方法

自分の失敗は素直に認める。すぐに修正する

過ちてはすなわち改むるに憚ること勿かれ。

（学而篇・子罕篇）

超訳

誰でも過ちを犯してしまうことがあります。大切なのは、過ちを犯してしまったときにすぐに反省し改めることです。

「間違ったことをしてしまったときは、すぐに反省し改めなさい」という意味の言葉です。失敗は誰でもします。**大切なのは、なぜ失敗したのか、その原因を冷静に理解することなのです。**

「間違った」と思ったとき、あるいは「間違い」を人から指摘されたときは、どうすればいいでしょうか。

間違いを指摘されてカンカンに怒る人もあれば、元気を失って落ち込み、話すこともできなくなってしまう人もいます。これでは人として、本当に生きていく力を養うことができません。

孔子は『論語』の中で「人の生（い）くるや直（なお）し（人がこの世に生きていられるのは、素直さがあるからだ）・雍也篇」と言っています。

誤ったと気づいたら、素直な気持ちでそれを受け入れ、二度と同じ過ちをしないように、改めるのが最善です。

「過ちてはすなわち改むるに憚ること勿かれ」という言葉は、『論語』に二回出てきます。誤って同じものが掲載されたのではないかとも言われますが、『論語』

の最初の章である「学而篇」には、この章句の前に「君子、重からざれば則ち威有らず。学べば則ち固ならず。忠信を主として、己に如かざる者を友とすること無かれ」という文章が付いています。

これは、「君子」と呼ばれる人が、具体的にどういう人かを言ったものです。「人としての厚みがなくてはならない。人と交わって学ぶことによって自分の過ちなども教えてもらって、自由自在に動けるようになる。すべてに対して真心を尽くすことを忘れないようにして、自分を正しい方向に導いてくれる人を友だちとする」というのです。その最後に付けられているのが、「過ちてはすなわち改むるに憚ること勿かれ」という一文なのです。

「過ち」は「過ぎる」という漢字が使われていますが、これは「ついついやり過ぎてしまって、間違えること」を指します。何もやらずに後で後悔することもあるでしょう。しかし人生は一度きりです。**失敗を恐れずに、まずやってみることです。**もし失敗しても悔やむ必要はありません。今後は同じ失敗をしないように気をつけ、成功への糧として考える心構えが大切なのです。

図解・人から信頼される方法

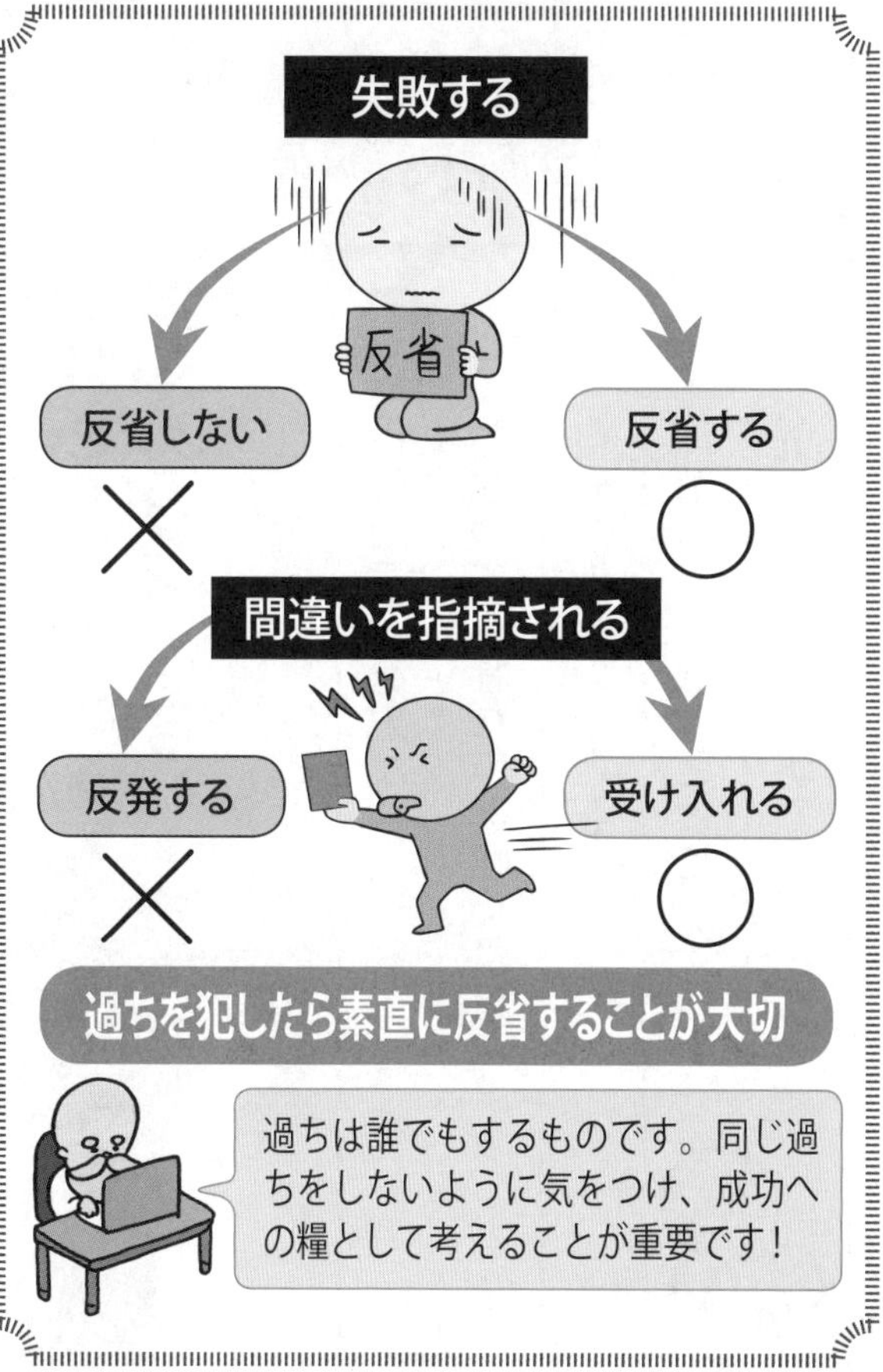

失敗する
反省
反省しない
×
反省する
○
間違いを指摘される
反発する
×
受け入れる
○
過ちを犯したら素直に反省することが大切
過ちは誰でもするものです。同じ過ちをしないように気をつけ、成功への糧として考えることが重要です！

⑦人から評価される方法

人から評価される前に相手を理解し評価する

人の己を知らざるを患(うれ)えず、人を知らざるを患う。

（学而(がくじ)篇）

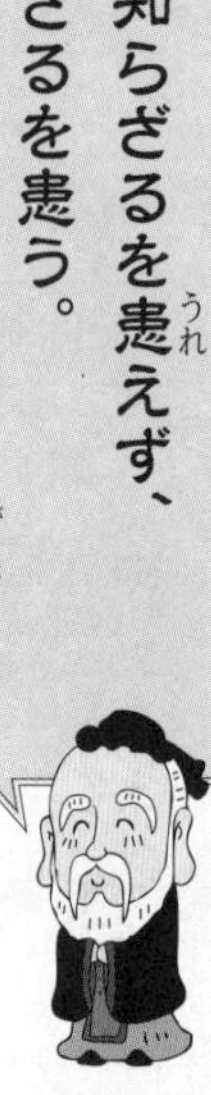

超訳

自分のことを人がわかってくれないと嘆くより、自分が他人のことを理解していないことに気づくことが大切です。

自分のことを人から評価され、認められるとうれしいものです。

しかし、誰からも評価されないからと嘆いてはいけません。

大切なのは自分自身が他人のことを理解しているかどうか、それを省みることだと伝えているのがこの言葉です。

人が自分のことを理解してくれないのは、当たり前のことなのです。

それよりも、**まずは人のことを理解する努力を重ねることが重要であると**、孔子は私たちに説いているのです。

自己中心的な考え方から脱却して、人の心を理解できる人になることは、自分自身がひと回り大きな人間になる近道と言えるでしょう。

人はもともと他人と自分を比べて優劣をつけ、それに喜怒哀楽を感じる性質を持っています。

しかし、あまりにも競争意識が強すぎて、自分が「正当に評価されない」「認められていない」と思い始めると、自暴自棄になって不幸の連鎖を招いてしまいます。

「自分はこんなに努力しているのに」と思う人は、もしかしたら他人からそれをほめてもらいたくて「努力している」のかもしれません。

孔子は「自分は努力している」と思うのを止めなさいと教えています。反対に**「他人の努力を評価できる人になりなさい」**と言うのです。

社会は様々な人たちの集合体で成り立っています。一人ひとりに、それぞれ果たすべき役割があります。

自分ができること、やるべきことをし続けながら、他の人たちと歩調を合わせることが、人として成長する生き方であると孔子は言っています。

「これだけ努力しているのに、誰も自分のことをわかってくれない」と嘆く前に、まずは自分自身を省みてみましょう。

評価されなくても、文句も言わず、ひたすら仕事をこなしている人が身近にいると思います。そしてそんな人を見つけられたら、その人の愚直（ぐちょく）な姿に今まで気づかなかった自分を反省するのです。

他人を知ることは、自分を知ることにもつながるからです。

図解・人から評価される方法

相手のことを理解しているか省みる

人が自分のことを理解してくれないのは当然

人の心を理解できるような人物になると、自分自身がひと回り大きな人間になれる!

他人を知ること  自分を知ること

⑧怒りを制御する方法

「好き嫌い」の感情を、できるだけ遠ざける

人の過つや、各々其の党に於いてす。過ちを観て斯に仁を知る。

（里仁篇）

超訳

誰でも過ちを犯してしまうことがあります。
人として大切なのは、過ちを反省し
どのように後始末をしたかです。
そこには人としての
人間性が表れます。

人が犯してしまう過ちは、その一つひとつに、過ちを犯してしまう人の性格が表れるものです。過ちを犯してしまった後、その後始末をどのようにしたかによって、その人の人間性がわかるものだと言っています。

つまり人は過ちを犯すものですが、過ちの内容を見てみると、同じような過ちを繰り返している人が多いと孔子は言っているのです。**過ちの内容を知れば、その人の性格や人柄が見えてくる**という、孔子の教えです。

『論語』の中には「過ち」について書かれたものが他にもあります。つまり、孔子は「過ちとは誰でも犯してしまうものである」ということを、前提にしていたのです。

人間ですから、うっかり過ちを犯してしまうことがあるでしょう。**大切なのは過ちを犯したときに、どう反省しどのように後始末をしたかです。**過ちを犯した事実は消し去ることはできませんが、反省や後始末の仕方はその人のこれからの生き方に影響を与えます。

孔子がここでいう「党」は「依怙贔屓（えこひいき）」を表しています。

「人の過ちとは、往々にして自分の好き・嫌いの判断から生じるものだ」と孔子は説いています。

人の怒りもまた、同じように「好き・嫌い」や「偏見」が原因で起こるものが少なくありません。自分が大切にしているものを傷つけられたり、壊されたりして怒っている人、自分の努力が正当に評価されないと言って怒っている人、などです。

怒りを制御できなくなると、人はときとして取り返しのつかない過ちを犯すことにもなるのです。

孔子はその過ちを説明するのに、「仁」という言葉で置き換えています。「愛情」という意味です。好き・嫌いや偏見、そして依怙贔屓はその人の「愛情」の厚さだというのです。深い愛情を抱くことは、人として大切なことです。

しかし、**その愛情が深すぎると、激しい嫉妬となって大きな過ちを引き起こしかねません。**孔子は、冷静さを忘れずに、人を愛することの大切さもこの言葉を通じて私たちに説いているのです。

図解・怒りを制御する方法

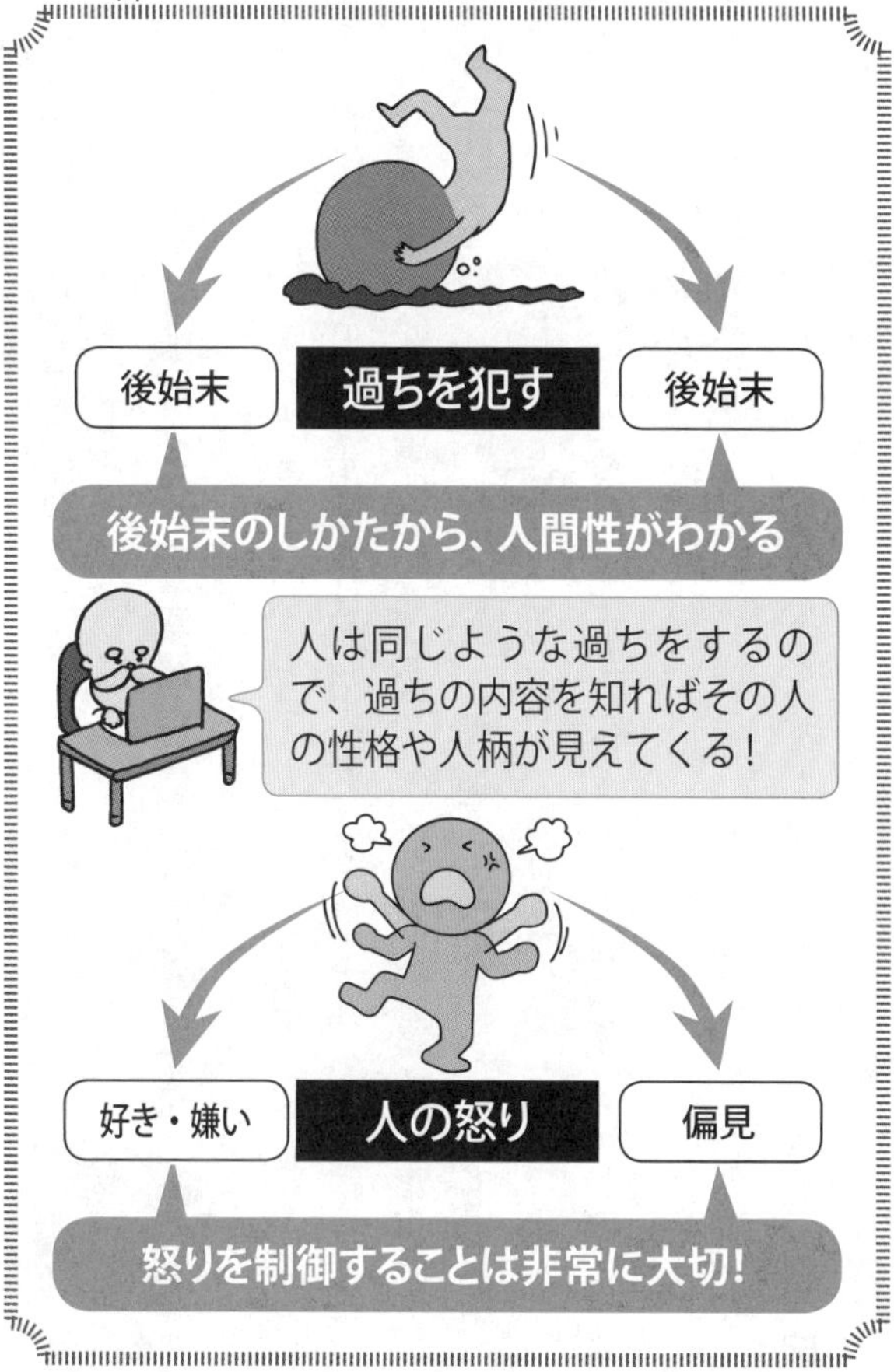

後始末
過ちを犯す
後始末
後始末のしかたから、人間性がわかる
人は同じような過ちをするので、過ちの内容を知ればその人の性格や人柄が見えてくる！
好き・嫌い
人の怒り
偏見
怒りを制御することは非常に大切！

つい人に話したくなる

論語の世界③

――渋沢栄一の『論語と算盤』は、どんな本？

渋沢栄一（一八四〇～一九三一）は、九十一年に及ぶ生涯で、五〇〇社以上の会社を起業しました。現・みずほ銀行のルーツとなる日本で初めての銀行「第一国立銀行」、現・東京商工会議所のもととなった「東京商法会議所」、東京証券取引所、日本郵船のほか、保険、製紙、製糸、煉瓦、水道、鉄道、セメント、肥料、ホテル、ガス、電気などありとあらゆる方面での会社創業に関わっています。

さて、渋沢はお金儲けのために、こんなにたくさんの会社を設立したのでしょうか？

そんなことはありません。

江戸時代が終わり、わが国が近代化へと向かおうとしたとき、渋沢は、国家的規模で国民を社会に参加させ、そして国民一人ひとりが、自分の能力を存分に発揮して仕事をし、それぞれが生活を豊かにすることを目指して、より多くの会社の起ち上げに力を注いだのでした。

もちろん、当時、渋沢以外にも多くの起業家がいました。

しかし、渋沢ほど大きな思想に支えられ、私欲を捨てて常に「公益」を目的に起業をした人はいないのではないかと思います。

それは、まさに渋沢が説いた「道徳経済合一説」とそれを具体的に述べた『論語と算盤』（大正五（一九一六）年刊行）に表れています。

渋沢は、次のように言います。

「富をなす根源は何かと言えば、仁義道徳。正しい道理の富でなければ、その富は完全に永続

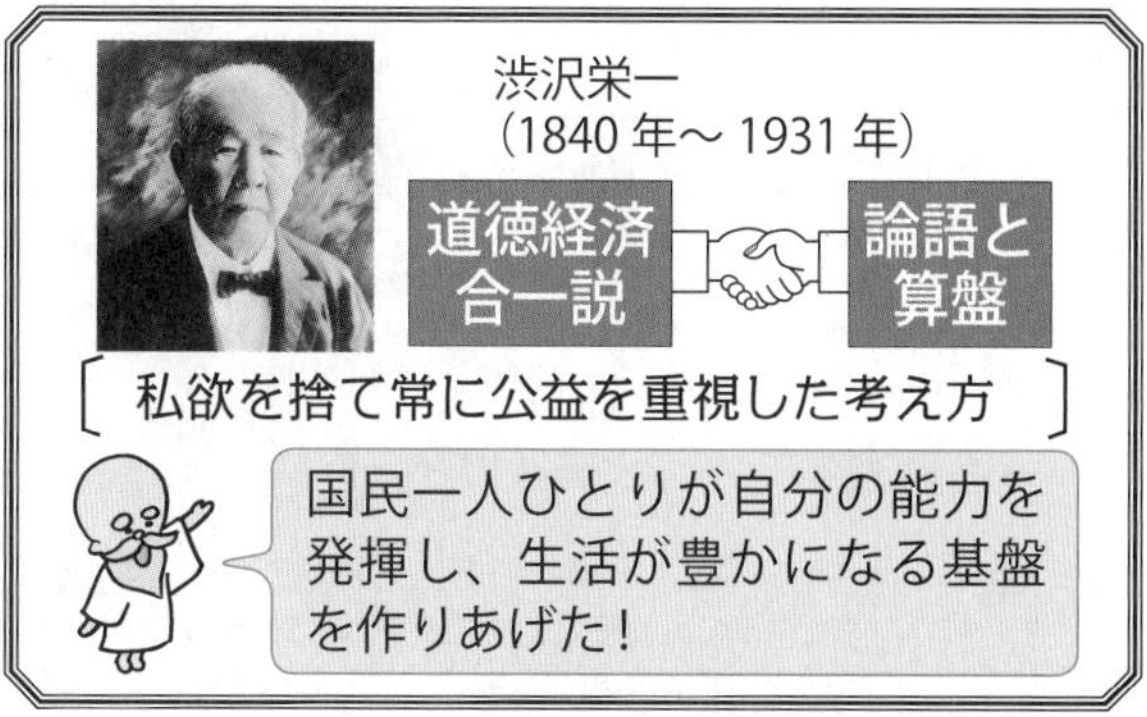
渋沢栄一
（1840年～1931年）
道徳経済合一説
論語と算盤
［私欲を捨て常に公益を重視した考え方］
国民一人ひとりが自分の能力を発揮し、生活が豊かになる基盤を作りあげた！

することができぬ」これは、『論語』に見える孔子の言葉に基づくものです。さらに、次のようにも書いています。

「事柄に対し如何にせば道理にかなうかをまず考え、しかしてその道理にかなったやり方をすれば国家社会の利益となるかを考え、さらにかくすれば自己のためになるかと考える。そう考えてみたとき、もしそれが自己のためにはならぬが、道理にもかない、国家社会をも利するということなら、余は断然自己を捨てて、道理のあるところに従うつもりである」

このように、渋沢は、人の道を優先させること、また国家や社会のために自分の私欲を捨てると言うのです。

孔子が、「仁」を説くのとまったく同じ思想です。

渋沢は、五歳頃から父親に習って『論語』の素読をしていたと言われています。この頃の『論語』の言葉が、渋沢の身体には染みついていたのでしょう。

また、渋沢の母親は、病気などで困った人がいると、親身になってその人たちを助けようとした人だったという記録が残っています。

渋沢栄一の『論語と算盤』は、どんな本？

渋沢の思想
孔子の思想
公益を目的に起業
銀行
証券取引所
海運
保険
製紙
製糸
煉瓦
水道
鉄道
セメント
肥料
ホテル
ガス
電気
…等
渋沢は91年に及ぶ生涯で500社以上の会社を立ち上げ、日本の近代化に大きな影響を与えました
人の道を優先させる生き方をする
国家や社会のために私利私欲を捨てる
孔子が『論語』を通じて説いた「仁」
渋沢は5歳頃からはじめた『論語』の素読により、『論語』の教えが身体に染みついていました

論語コラム3

孔子の「意外な容貌」とは？

孔子の故国、魯の政治の実権は、私欲にまみれた３人の公族（三桓氏）によって掌握されていました。この三桓氏のうちの季孫氏（季桓子）に仕えた政治家に陽虎という人物がいました。紀元前502年、陽虎は三桓氏の家臣を集め、クーデターを試みます。しかし、失敗し隣国の斉に逃亡するのです。当然、三桓氏の軍は陽虎を追い、殺害しようとします。

孔子が衛の「匡」という町に入ったときのことです。孔子は匡の兵に五日間幽閉され、餓死寸前になりました。それは、孔子が陽虎の容貌にそっくりだったからだと言われます。

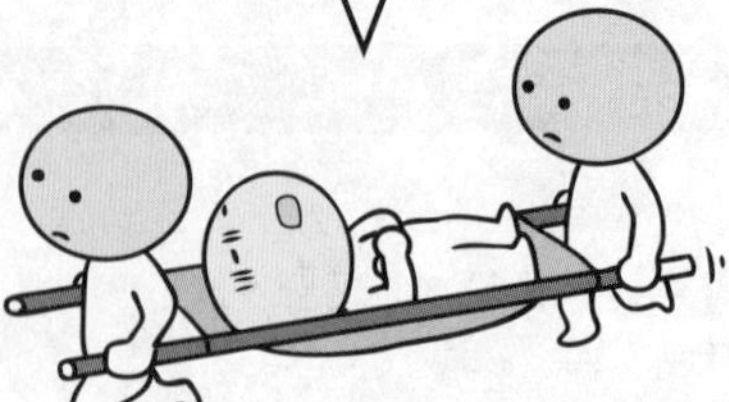

第3章

楽しい賢い「学び方」がわかる論語の言葉

①創造力を高める方法

本を読む。師と話す。そして自分で考える

学びて思わざればすなわち罔(くら)し。
思いて学ばざればすなわち殆(あや)うし。
(為政篇(いせいへん))

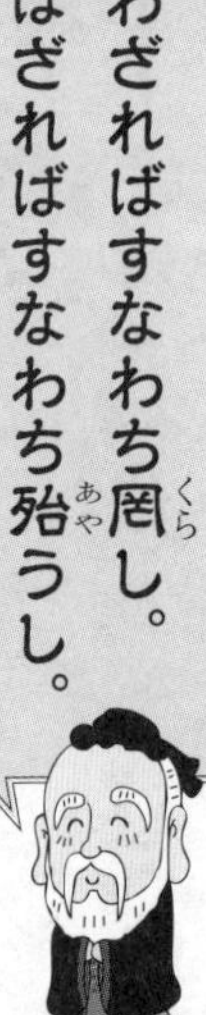

超訳

書物や友人たちと交流することによって
知識を深めても、得た知識を理解し
自分自身の見識をもたないと、
その知識はなんの
意味もありません。

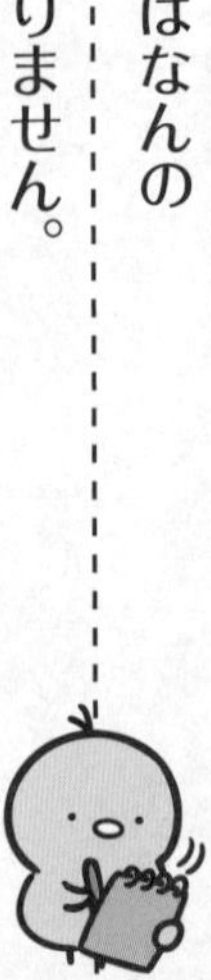

孔子はこの言葉を通じて**「学ぶこととは、どういうことなのか」**という基本的なことを私たちに教えています。

何か知りたいことがあると、今ではスマホで簡単に調べられます。しかし、それだけでは知りたいことの本質まで捉えることはできません。

たとえば、仏像に興味があったとしましょう。

仏像について、ネットや本から詳しい情報を得ることはできます。そして仏像に関して詳しい人から話を聞き、見聞を深めることもできます。

しかし本を読んだり、詳しい人から色々と教えてもらっても、自分自身は仏像に関して、どのような見解や印象を持ったか、すなわち自分なりの考えがないと新しい発見はありません。

「知ること」と「考えること」のどちらかが欠けていても、それは「学ぶこと」ではないと、孔子はこの言葉を通じて教えているのです。

知りたい情報はなんでも手軽にネットから得ることができる今の時代、ただ知識を得るだけならそれでいいでしょう。しかし**本当の学問とは自分自身が「どう**

考えるか」が重要なのです。真の学問とは「本や先生から学ぶ」こと、そして「自分なりの考えを持つ」こと、この二つの要素が一緒になることなのです。

どちらかが欠けていてもダメです。知識がないのに自分自身の考えを持つと、それは独断専行になってしまうと孔子は警鐘（けいしょう）を鳴らしています。

孔子はある事を学ぶために、徹夜で勉強をしたことがありました。食事も摂（と）らず夜も寝ないで、とにかく頭の中のもやもやした考えを整然とまとめようとしたのでしょう。しかしそのような行動は「無駄だった（益（えき）なし）」と後悔します。試験間際に徹夜で勉強をしたのと同様に、何にも残らなかったのです。そのような行為は知識を詰め込むだけで、知識から自分が考えなかったからです。

孔子は「学ぶにしかず」、つまり「思」より「学」をした方がずっと充実した勉強になるとも言っています。しかし、「学」だけでも、「思」がなければダメだとも述べています。人と交流して様々な意見を交わし、そして自分で考えてみる。それを日々繰り返すことにより創造力を磨き、新しい発想を生み出すことが学問にとって大切であると孔子は考えていました。

図解・創造力を高める方法

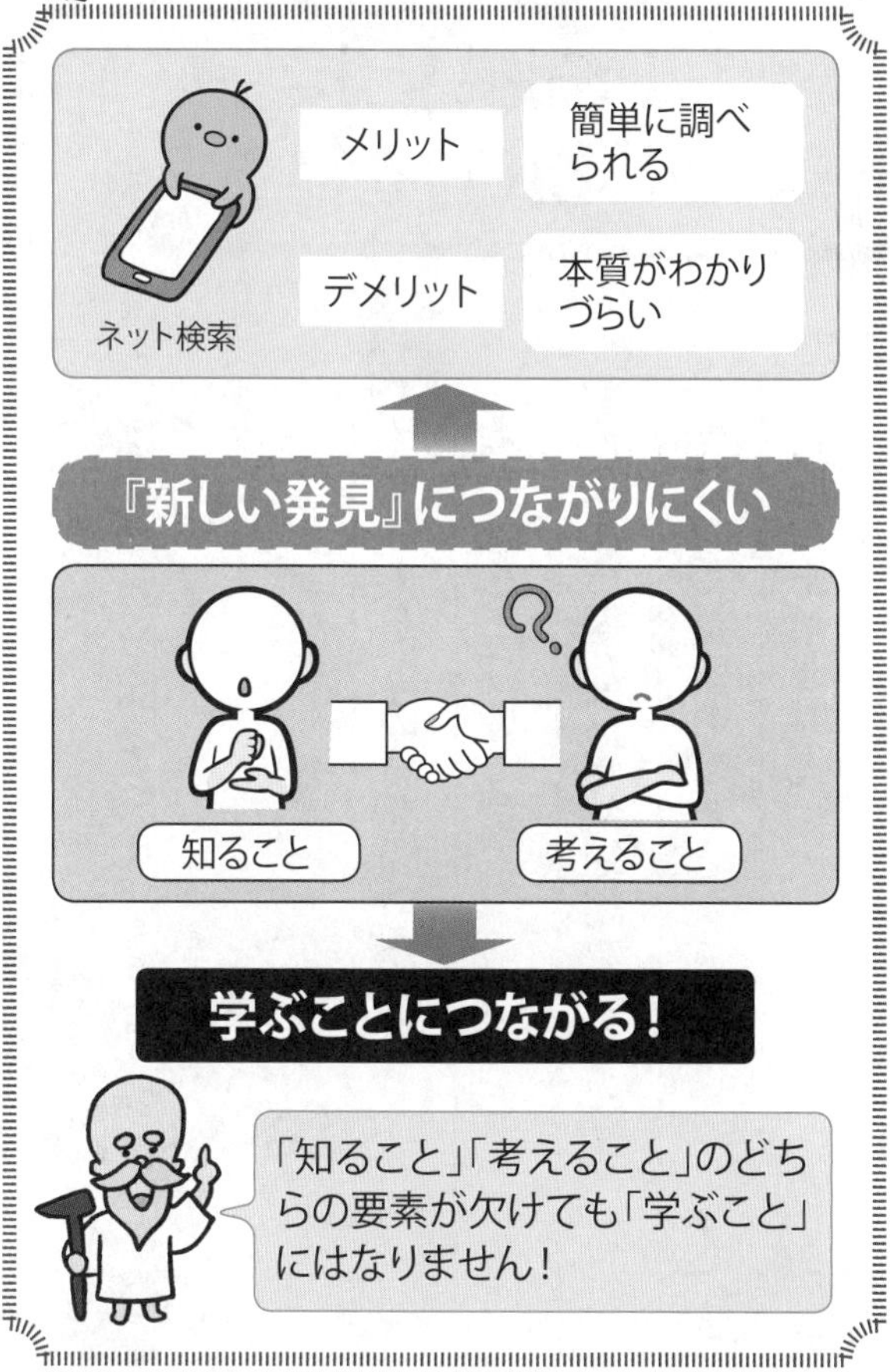

ネット検索
メリット
簡単に調べられる
デメリット
本質がわかりづらい
『新しい発見』につながりにくい
知ること
考えること
学ぶことにつながる！
「知ること」「考えること」のどちらの要素が欠けても「学ぶこと」にはなりません！

②柔軟な発想をする方法

「新しい知識」と接して「新しい視点」を得る

学べばすなわち固(こ)ならず。

（学而篇(がくじ)）

超訳

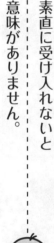

色々な人たちの話を聞いたり、
本を読んだりしても、
そこから得た情報や知識を
素直に受け入れないと
意味がありません。

今までの経験から得た知識と異なることを聞かれたとき、人の意見にまったく耳を貸さずに自分の意見を押し通す人はいるものです。

ビジネス社会でも、管理職にそんな人物がよく見受けられるようです。そのような考え方の人は、周りの人からは「頑固者（がんこもの）」という烙印（らくいん）を押され、孤立してしまうこともあるので注意が必要です。

孔子はこの言葉を通じて、**学びは一生続くものであり、新しい知識や情報は素直に受け入れていくことで、自身の知識や見聞をさらに深めることが大切である**と説いています。

学ぶことは人と交わることでもあります。人と交流をしながら意見を交換すると、物事を異なる視点から見ることができます。そこから新しい発見・視点が生まれ、さらには柔軟な発想力を育むことにもつながります。

自分の考えが絶対に正しいと思い込むと、人の意見を聞き入れなくなってしまいます。「頑固者」のままだと、時代が変化しているのに、自分だけが気がつかないうちに世間から取り残されてしまうことにもなりかねません。

常に人の意見を柔軟に聞く力、人の考え方を受け入れていく力、そういう力を持つ人こそ、ひと回り大きな器の人物になることができるのです。

孔子が主張している大切なポイントは、自分が「絶対に正しい」と思ってはいけないということです。人の顔がそれぞれ異なるのと同じように、物事の考え方も人それぞれ異なります。私たちはそんな世の中で生きています。

人との交わりの中で様々なことを「学ぶ」ことによって、**頑固さを解きほぐし、「自分の器」を大きくしていく**ことが大切なのです。

孔子は「学ぶ」ことを非常に大切にしてきた人物です。孔子は身近な人たちと交流するだけでなく、広く諸国の人たちとも交流し、さらに読書によって古今東西、様々な考えを持つ人たちの著作に触れました。そして「頑固」にならず、新しい知識を素直に受け入れ、自身も大きく成長していったのです。

『論語』の影響を受けた渋沢栄一は、色々な人たちの知恵を吸収しながら柔軟で新しい発想により、五百社以上の多業種にわたる会社を起業したといいます。

まさに「学べばすなわち固ならず」を実践した人でしょう。

図解・柔軟な発想をする方法

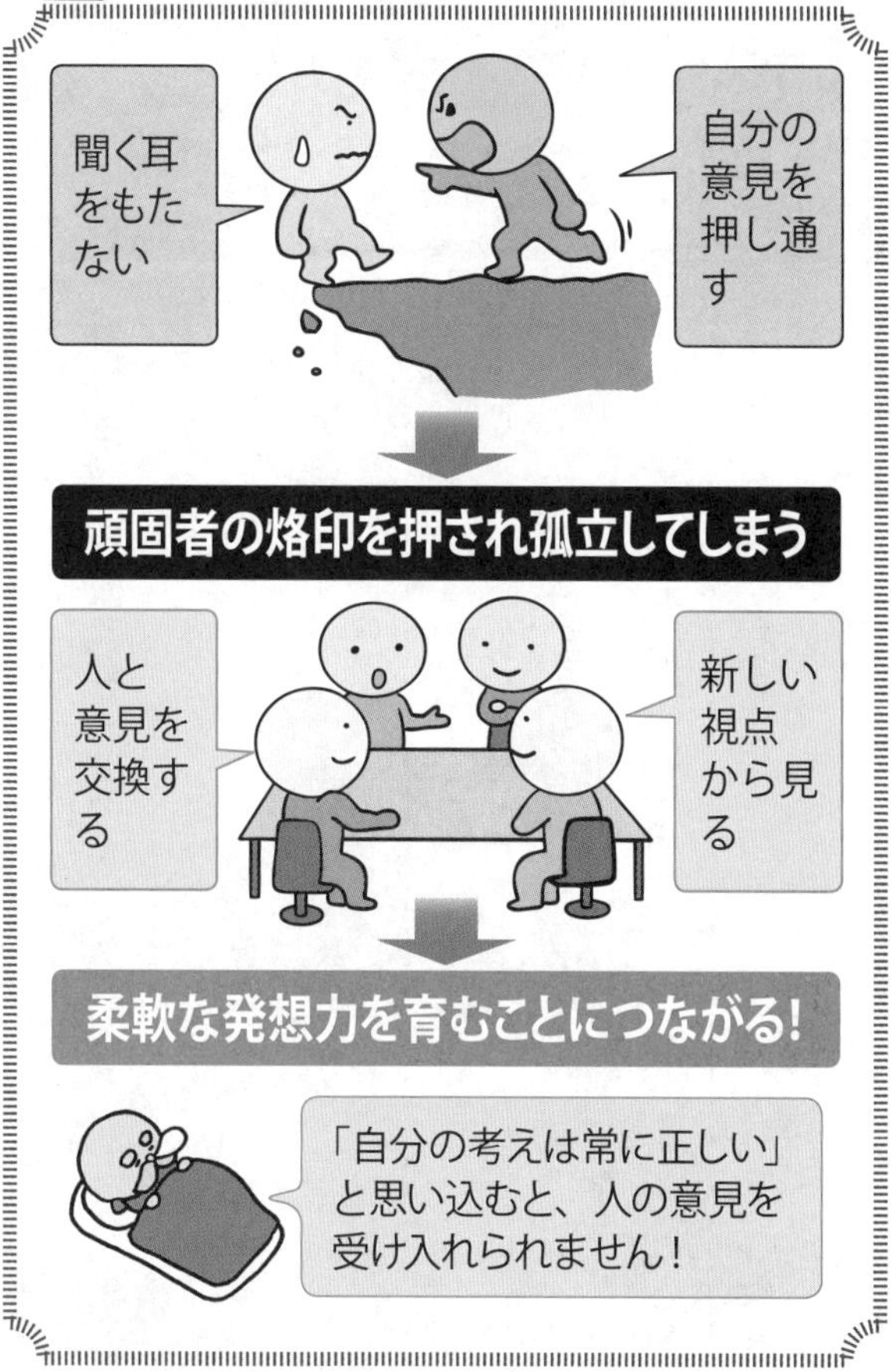

聞く耳をもたない
自分の意見を押し通す
頑固者の烙印を押され孤立してしまう
人と意見を交換する
新しい視点から見る
柔軟な発想力を育むことにつながる!
「自分の考えは常に正しい」と思い込むと、人の意見を受け入れられません!

③向上心を高める方法

知らないことを知ると、さらに、知りたくなる

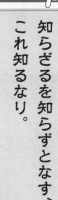

知らざるを知らずとなす、
これ知るなり。

（為政編）

超訳

「知らない」「わからない」
ということを知ることこそ、
本当に「知る」という
ことなのです。

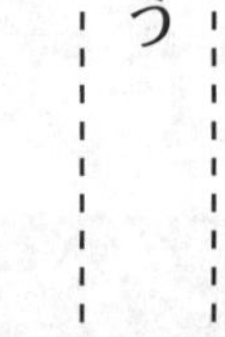

「知らないこと」を「知らない」と自覚することは、「本当のことを知る」ことになるという意味の言葉です。人は色々な知識を得ます。その知識の中には、あやふやなものもあるでしょう。自分にはどんな知識があるのか、そしてどんな知識がないのか、本人もわかっているようでわかっていません。

知っていると思っていても、いざ人から説明を求められるとうまく説明できないことがあります。それでは「知らない」ことになり、「知っている」ことにはなりません。**中途半端な知識は、知らないことと同じなのです。**

知っていると自覚している知識でも、自分よりもっと詳しく理解している人は、この世の中には必ず存在しています。その人から見れば、自分が知っていると自覚していた知識は知らないことに等しいかもしれません。「知っている」と「知らないこと」の境界線はどこにあるのか、それを自覚することが大切なのです。

たとえば、自分は野球に関して「知っている」と自覚しているとしましょう。しかし、野球に関するすべてのことを理解している人はなかなかいません。つまり、野球に関する知識の探求は永遠に続くものであり、真の意味で「知っている」という境地に達するまで向上心を高めて学び続けなくてはならないという戒（いまし）めも、孔子はこの言葉を通じて説いているのです。何が「わからない」ことなのかを知ることは、物事を理解する第一歩なのです。

孔子には九歳年下の子路という弟子がいました。孔子にとっては何でも話せる、最も孔子が親しみを抱いていた弟子でもありました。そんな子路の欠点は、勇猛果敢で短気、熱血漢の性格が強すぎて、物事を即断する性格だったことです。

本当の「知る」とはどういうことなのか、それをわかりやすく教えてやろうという思いを込め、孔子が子路に放った言葉が「知らざるを知らずとなす、これ知るなり」でした。

孔子はこの言葉を通じて、子路に**「もっとじっくり考えて行動しなさい」**と伝えようとしたのかもしれません。

世の中には様々な考え方の人がいます。自分ではわかっているつもりでも、本当はまだまだわからないことがたくさんあるということを、子路自身に理解して欲しいと孔子は思ったのでしょう。

図解・向上心を高める方法

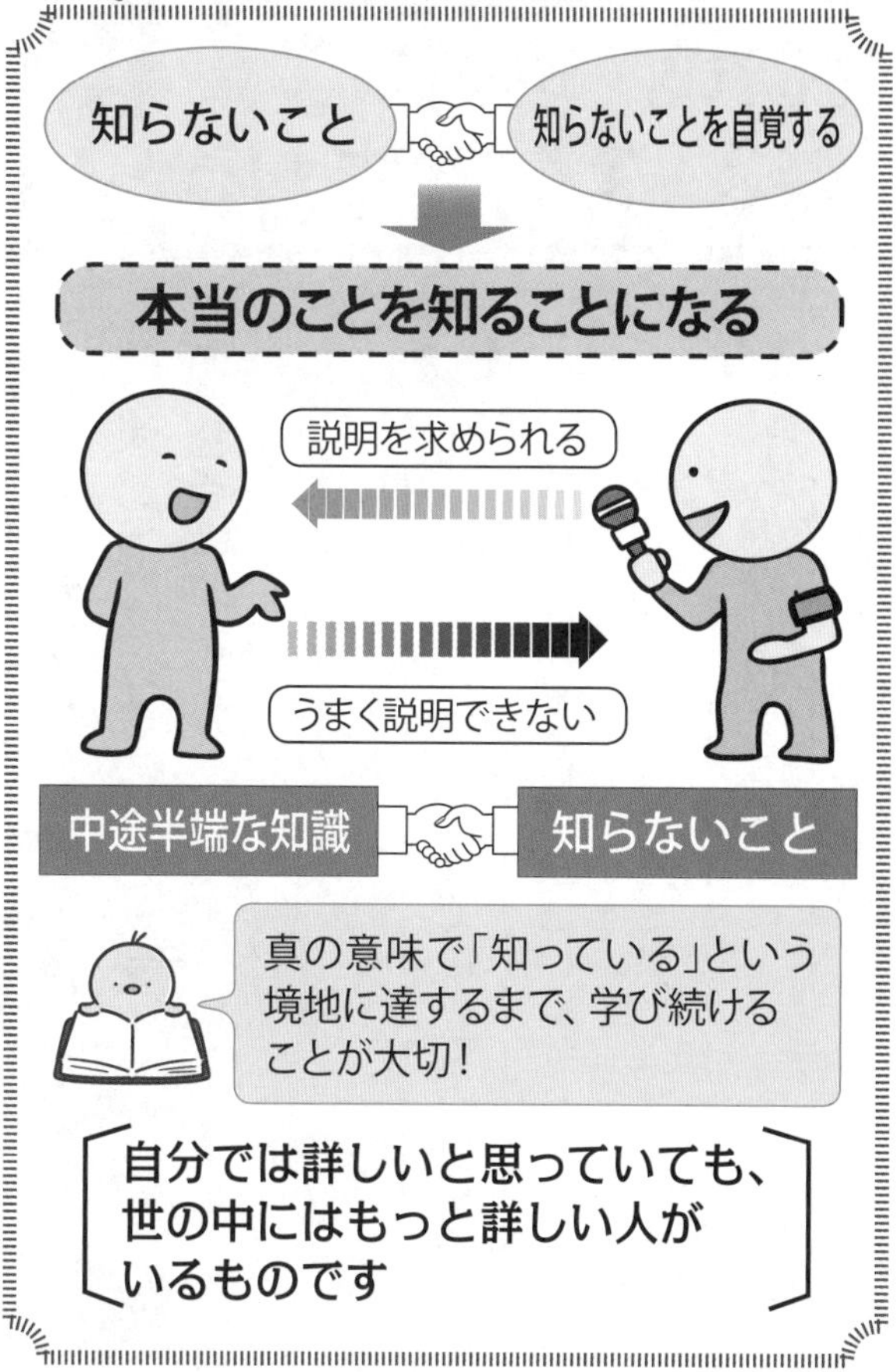

知らないこと
知らないことを自覚する
本当のことを知ることになる
説明を求められる
うまく説明できない
中途半端な知識
知らないこと
真の意味で「知っている」という境地に達するまで、学び続けることが大切！
自分では詳しいと思っていても、世の中にはもっと詳しい人がいるものです

④知識を究める方法

知れば、知るほど、楽しくなるコツを知る

これを知る者はこれを好む者に如かず。これを好む者はこれを楽しむ者に如かず。

（雍也篇）

超訳

知っているというだけでは、そのことを愛好している人にはかないません。

しかし、心から楽しんでいる人にはもっとかないません。

あることについて知識を持っている人でも、そのことを好きな人にはかなわない。そして、あることが好きな人でも、それを楽しんでいる人にはかなわない。

つまり、**物事を究めるには「知る」よりも「好む」こと、「好む」ことより「楽しむ」ことが近道である**ということを伝えている言葉です。

「楽しいこと」をしていると時間を忘れます。楽しいことなら、どれだけ続けても飽きません。時間を忘れるほどに楽しんで続けているのですから、どんどん上達し、さらにもっともっと続けたくなってきます。

楽器の演奏などの習い事でも、仕事でも、勉強でも、「楽しいと思えること」を見つけると、人生は喜びに満ちたものになります。プロとしてその道で生活できるまでには、乗り越えなくてはならない壁に何度もぶつかってしまうものです。

しかし「楽しむ力」があれば、どんな壁でも乗り越えられるのです。つまり、孔子はこの言葉を通じて物事を究める近道は「楽しむこと」であると説いているのです。

何をするにしても、まず「知る」ことから物事は始まります。

この世の中には、無限の可能性が潜んでいますが、その中から自分が「好む」ことを選ぶには、色々なことに接して「知る」しかありません。そして、それが「楽しむ」ことかどうか、確かめることが必要になってきます。

孔子は、自分のことを「学ぶを好む」と言っています。孔子は『書』（のち『尚書』『書経』と呼ばれる）や『春秋』という歴史書を編纂したりしたと言われています。おそらく、孔子は、歴史を学ぶことが大好きだったのでしょう。

しかし、孔子以上に学ぶことを好んだ弟子がいました。顔回です。彼は「学を好む」を超えて、「其の楽しみを改めず」というほど、学ぶことを楽しんだ人でした。残念ながら、顔回は孔子より先に亡くなり著作も残っていません。

孔子の弟子・子貢は顔回のことを評して「私は一を聞いて二を知る者、顔回は一を聞いて以て十を知る者」と言って高く評価しています。これに孔子も賛同しました。顔回は孔子のみならず、多くの人から高く評価された人だったのです。

このことからわかるように、**物事を「楽しむこと」は人を成長させることにもつながるのです。**

図解・知識を究める方法

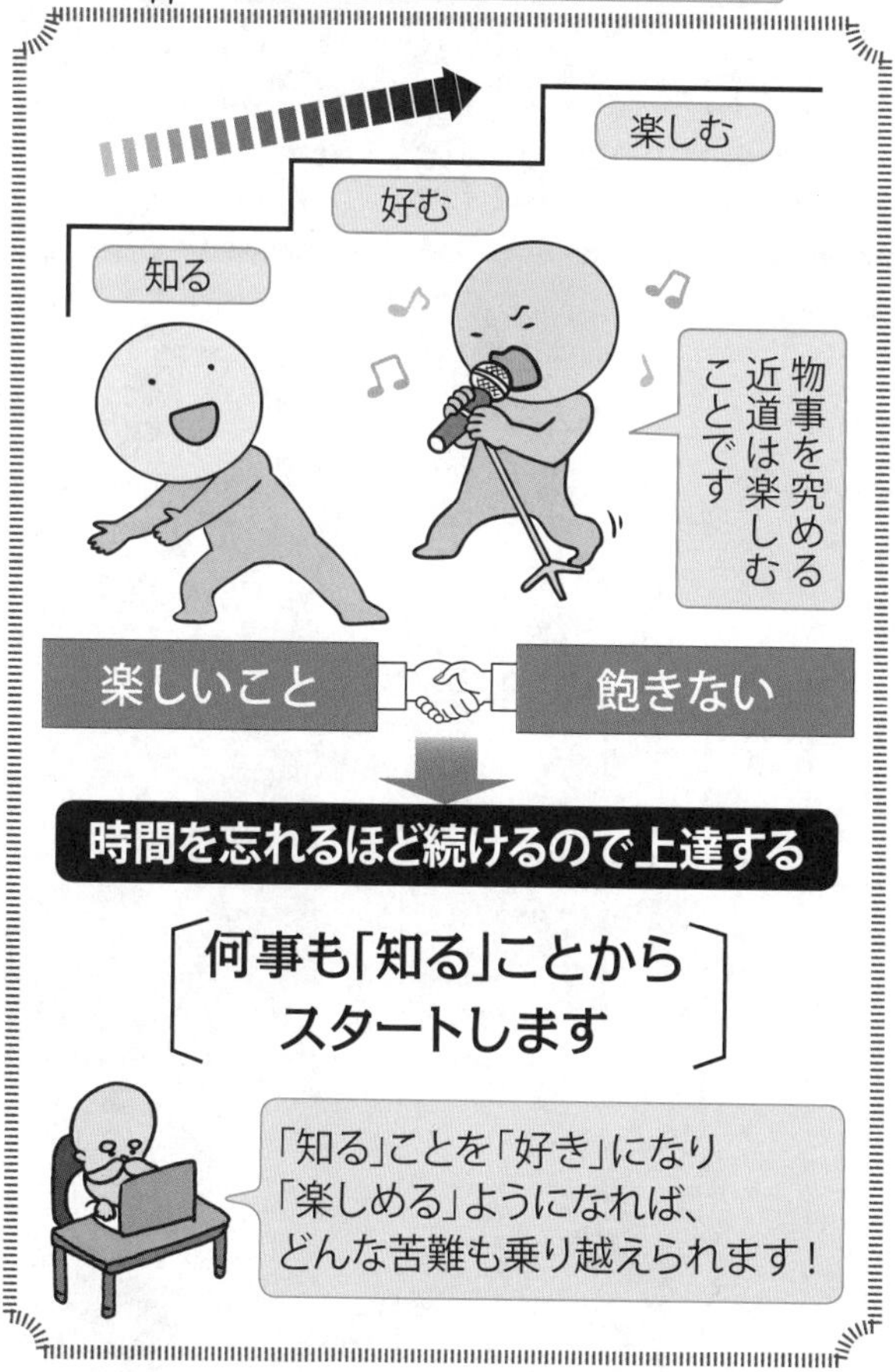
楽しむ
好む
知る
物事を究める近道は楽しむことです
楽しいこと
飽きない
時間を忘れるほど続けるので上達する
何事も「知る」ことから
スタートします
「知る」ことを「好き」になり
「楽しめる」ようになれば、
どんな苦難も乗り越えられます！

⑤賢い人間になる方法

十倍の想像力、十倍の連想力を目指してみる

一を聞いて以て（もっ）十を知る。

（公冶長篇（こうやちょうへん））

超訳

（顔回という弟子は）
物事の本質をほんの少し聞くだけで、
すべてを理解してしまう
非常に賢い人です。

ほんの一部を聞いただけでもすべてを理解してしまう、非常に賢いことのたとえとしてよく使われる言葉です。日常生活でもときどき耳にするので、知っている人も多いのではないでしょうか。

ここに挙げられた「一を聞いて以て十を知る」とは、前項でも触れたように、顔回より一歳年下の孔子の弟子・子貢（名前は賜）が言った言葉です。

ある日、孔子が子貢に「女と回と、孰れか愈れる（お前と顔回とどちらが優れていると思うか？）」と聞きました。

子貢は答えます。「賜や、何ぞ敢えて回を望まん。回や一を聞いて以て十を知る。賜や一を聞いて以て二を知る（賜などどうして顔回と比較になりましょうか。とても及ぶものではありません。顔回は一つのことを聞いて、十のことを知る人です。私など、一を聞いて二つのことを考え及ぶ程度です）」

すると、孔子はこの子貢の言葉を聞いて「如かざるなり。吾と女と如かざるなり（そのとおり、顔回に及ばないのは、お前だけではない。私もお前と同じく顔回には及ばないよ）」と言いました。

「一を聞いて十を知る」とは、連想力、想像力がたくましいことをほめる言葉です。

顔回は孔子の教えを十倍、百倍にも発展させせることができる人物だったに違いありません。しかし顔回は、孔子が七十二歳のときに亡くなってしまいます。

享年四十二歳。死因は栄養失調によるものでした。孔子が亡くなる二年前の出来事です。貧しい中でも学問を楽しんだ顔回の死に、孔子は号泣したと言われます。

顔回は孔子と若い頃によく話をしていました。顔回は一日中対座していても、ただハイハイと相づちを打って聞いているだけで、孔子に反対意見を言いません。

自分の意見もまったく出さないので、孔子は顔回は愚か者のようだと感じていました。しかし顔回の私生活を観察すると、孔子が教えたことをしっかりと守り、さらには孔子の教えを発展させ、孔子自身がハッとさせられることがよくあったと言います。顔回は決して、愚か者ではなかったのです。

顔回は、孔子のそばで学問に励み、他の弟子たちをどんどん追い抜いていきます。もし、顔回がもっと長生きしていたら、孔子の教えはさらに発展していたのかもしれません。

図解・賢い人間になる方法

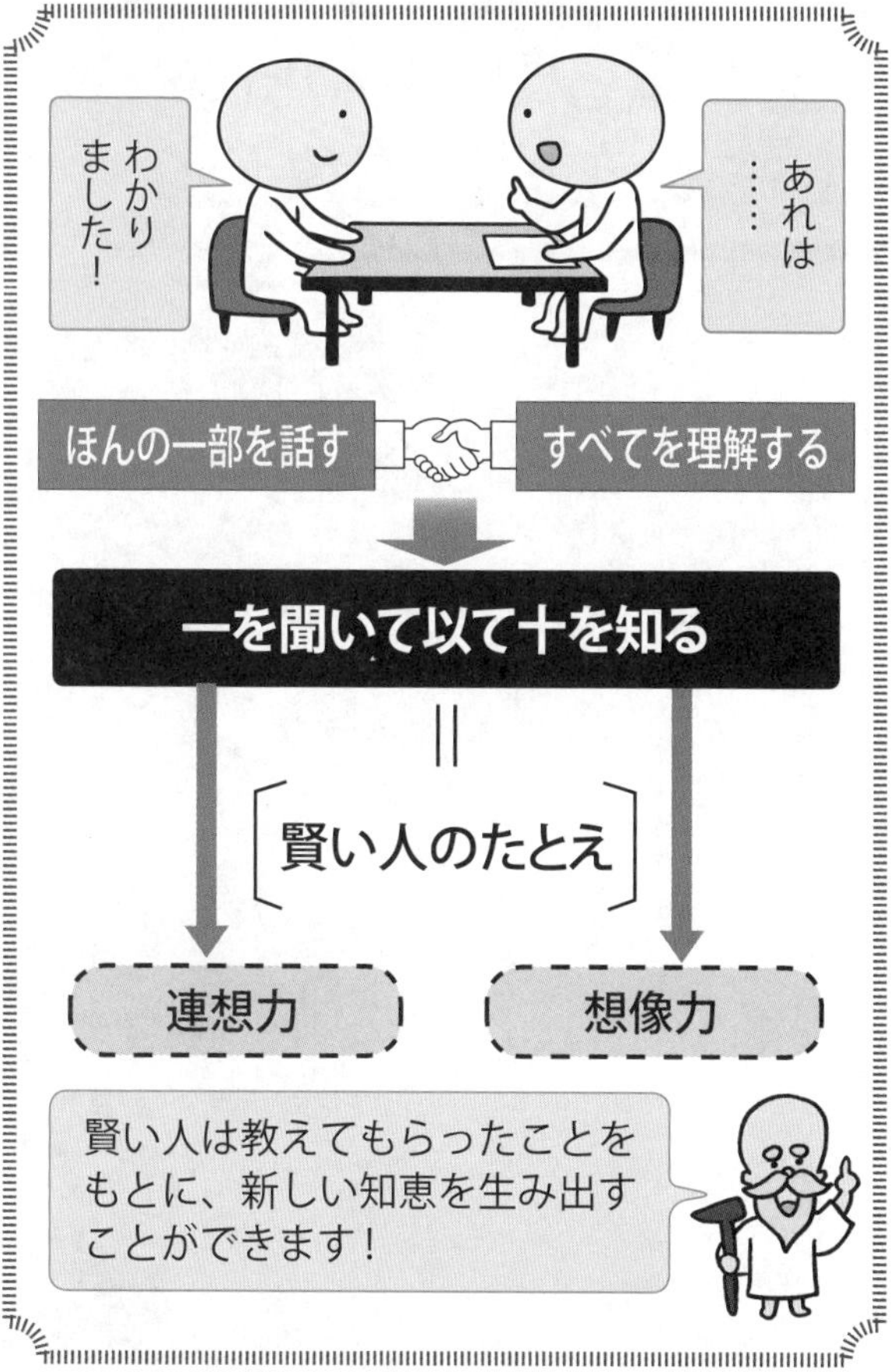
わかりました！
あれは……
ほんの一部を話す
すべてを理解する
一を聞いて以て十を知る
＝
賢い人のたとえ
連想力
想像力
賢い人は教えてもらったことをもとに、新しい知恵を生み出すことができます！

⑥人を正しく教え導く方法

変わるもの、変わらないものを分けて教える

教えありて類（るい）なし。

（衛霊公（えいれいこう）篇）

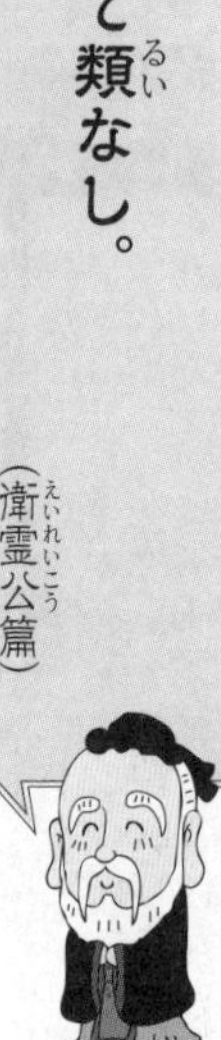

超訳

人間は生まれたときには、
知識や考え方に差はありません。
生まれた後にどんな教育や
影響を受けたかによって、
知識や考え方に違いが出てきます。

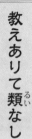

この言葉は、人間は人からどんな教えを受けたかによって知識や考え方の差ができるのであり、生まれたときには誰も知識や考え方に差はないということを表しています。

つまり人間は成長の過程でどのように学んだかによって、知識や考え方に差がつくのであり、生まれたときには誰もが平等、差などないのです。

孔子は**人間の差は「どう学んだか」によって決まる**と言うのです。ですから学ぶ機会は平等でなくてはならず、差があってはいけないとも言っています。

生まれたばかりの赤ちゃん（子ども）には知識がありません。成長とともに子どもに知識を与えるのは、親や学校の先生たちです。

習得の差はあれども、受けた教育によって、子どもは知識を増やしていき、そして自分なりの考え方を持つようになっていきます。

孔子が座右（ざゆう）にしていた書物に『易経（えききょう）』（孔子が生きていた当時は『易（えき）』と呼ばれていました）があります。『易経』は、今では占いの本として知られていますが、孔子が占い師だったわけではありません。

『易』には、二つの意味があると言われています。

ひとつ目は「不易」と呼ばれるものです。これは、**万物、万人のそれぞれの本質を知ることです。**「易」は「変わる」という意味がありますが、変化の根源であるそれぞれの本質を見極める必要があるというのです。

そして、二つ目が「変易」と呼ばれるものです。これは、**物や人が、どのような条件下で変化していくのかを知ることです。**困難に直面した際に、実力を発揮してそれを乗り越える人、反対に自暴自棄になってしまう人たちにはそれぞれ、「方は類を以て聚まる」（似た者同士が集まる）習性があります。

しかし、孔子は、その「類」になる人たちを教え導くことによって、考え方を変えることができるというのです。人間はみな平等です。**善に導くことも悪に流れることも、教育によって完成するものだ**とも言っています。

孔子は、けっして運命論者ではありませんし、固いことばかりを教える先生ではありませんでした。

弟子たちの本質を見抜いて、変える力と機会を与える先生だったのです。

図解・人を正しく教え導く方法

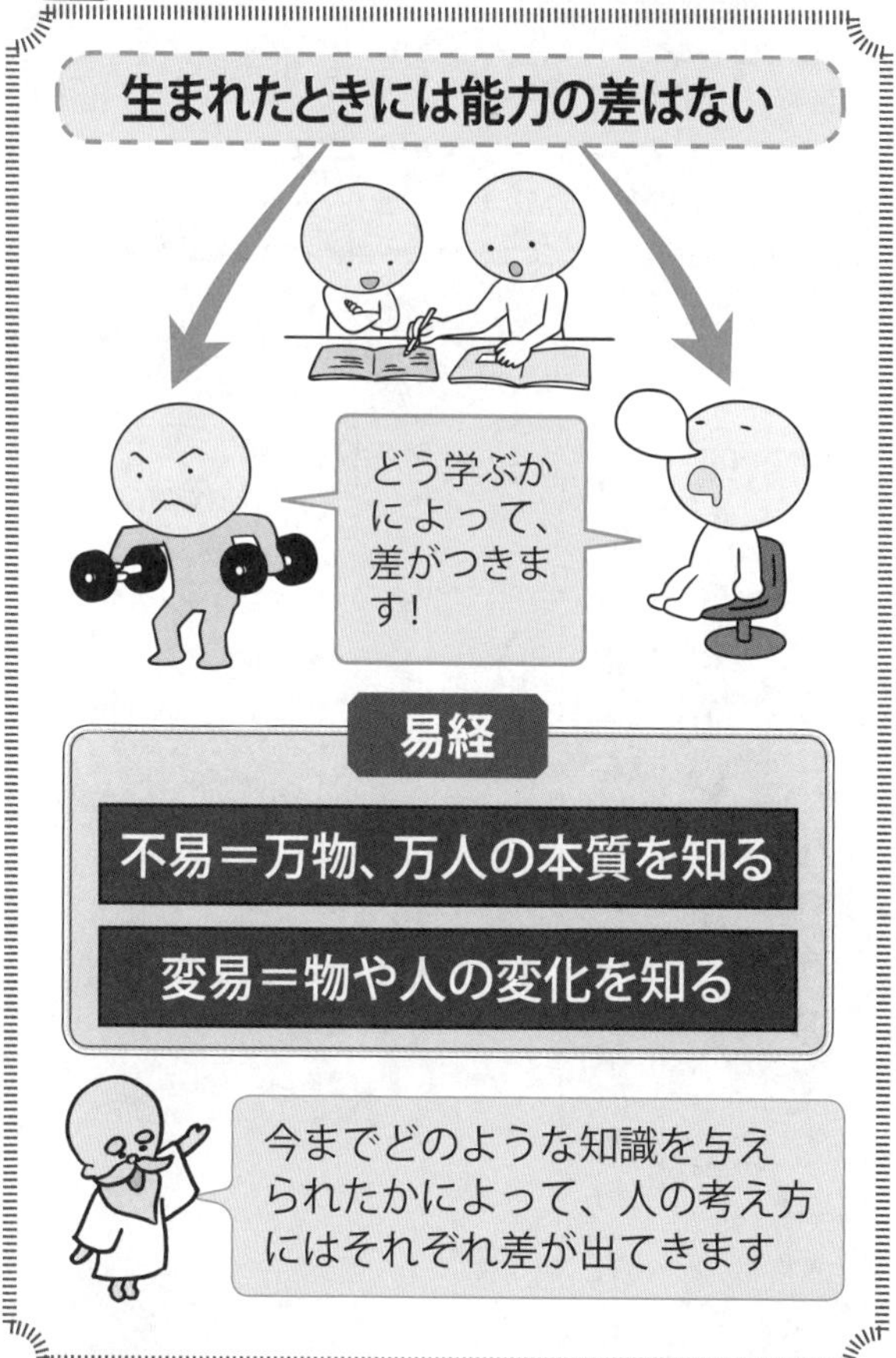

生まれたときには能力の差はない
どう学ぶかによって、差がつきます！
易経
不易＝万物、万人の本質を知る
変易＝物や人の変化を知る
今までどのような知識を与えられたかによって、人の考え方にはそれぞれ差が出てきます

⑦人生の大命題を知る方法

仁・義・礼・智・信。「徳目」について考える

異端（いたん）を攻（おさ）むるは、斯（こ）れ害あるのみ。

（為政（いせい）編）

超訳

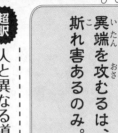

人と異なる道に進むのは
悪いことではありませんが、
それには「王道」を理解しなければなりません。
「王道」を知らずして異なる道へ
進むのは、害にしかならないのです。

「異端(いたん)」とは、その時代で当たり前の考え方とされている思想や信仰から外れていることを指しています。

人と違う考え方をするのは悪いことではありません。しかし、「当たり前のこととされている思想や信仰をしっかりと理解しないで、道から外れたことばかり学んでも、それは害にしかならない」と孔子はこの言葉を通じて説いています。

つまり「王道」と言われることを理解しないで裏の道、すなわち邪道なことばかり学んでも、それには意味がないどころか、害にしかならないと言っているのです。**物事はまず王道から学ぶべきです。**

王道を学んだ後で、それに異を唱えるのであれば問題ありません。王道も知らない人間が、どうして王道に異を唱えることができるのでしょうか。

孔子が生きていた時代、「人の幸福とは何か」という問題について、二つの対立した考え方がありました。

ひとつは、孔子が目指す「儒(じゅ)」です。後世「儒学」「儒教」などとして発展することになる「儒」は、**「仁」や「義」「礼」「智」「信」などの徳目**を基本にすえた人間関係の構築です。**自分の家族、親族を大事に思うのと同じように、他人を大切に思う気持ちを皆が共有すれば、この世界は平和に治まるに違いないと、孔子は言うのです。**しかしこの思想は人の性質が「善」であることを前提にしないとけっして成り立ちません。

「人」とは言っても、その根底は「動物」「自然」の一部だというのが老子に代表される「道家」の思想です。老子は、孔子が唱える徳目は、すべて人為的、矯正的なもので、人の寿命を縮め、本来の性質をそぎ落とすものだというのです。当時の道家の思想は、中国大陸の土壌、風土に根ざした自然な考え方で、民衆の考え方に最もよく合致していました。「仁」や「礼」などに矯正されることは、すなわち命を削って為政者に尽くすことだと道家の人たちは考えたのです。

孔子はもちろん、こうした考えが根強くあることを知っています。いくら反撃しても、完璧に論破できないことも十分に承知しています。

他の思想を攻撃して、自分の考えを人に押し付けることはできない。そのため孔子は、自分の考えを「行動」と「教育」で実践的に教えようとしたのです。

図解・人生の大命題を知る方法

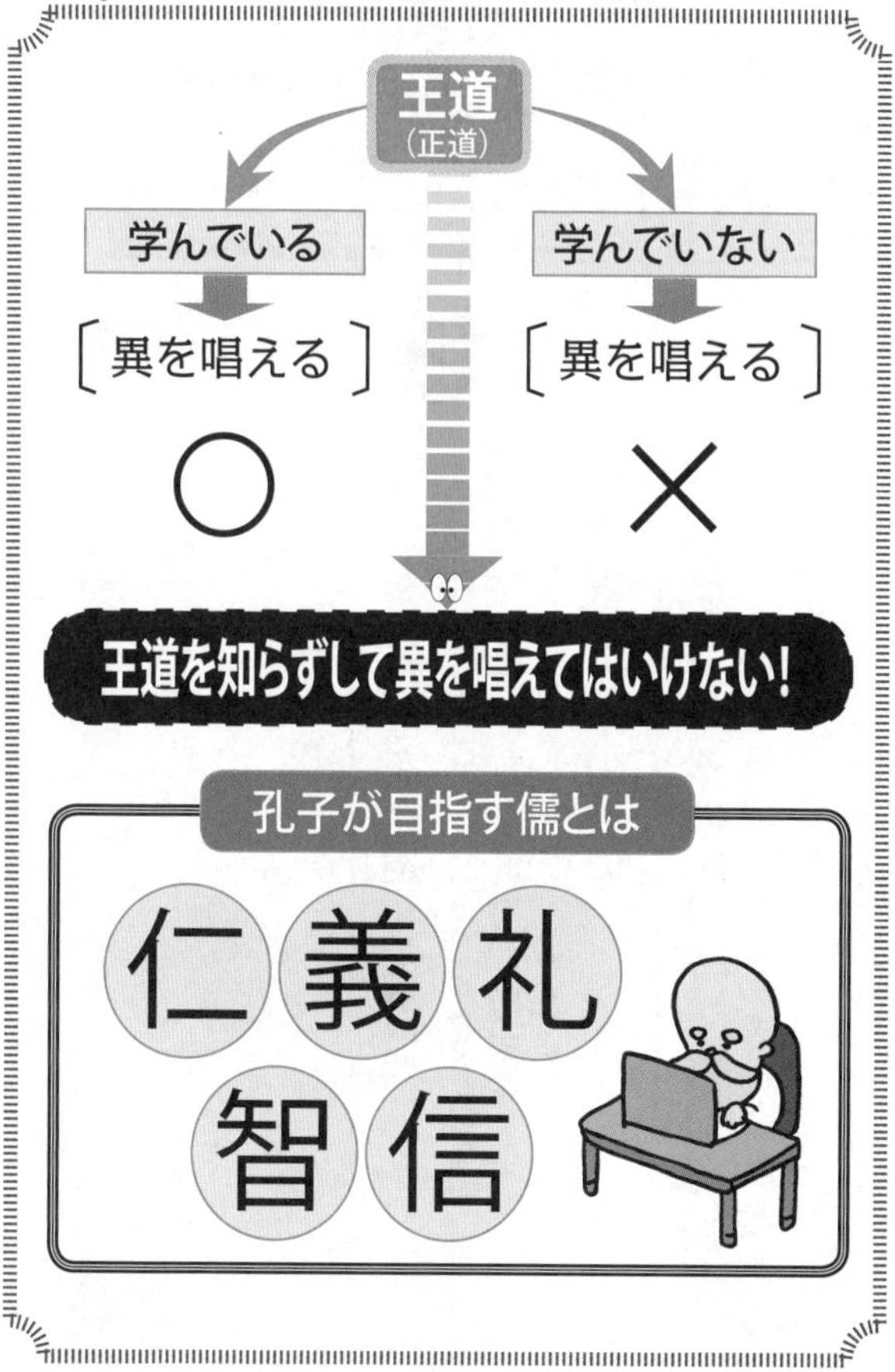

⑧知識を生活に役立てる方法

「徳」を磨けば磨くほど「知識」は役に立つ！

女(なんじ)、君子の儒(じゅ)と為(な)れ、小人(しょうじん)の儒と為る無かれ。

（雍也(ようや)篇）

超訳

出世や名誉だけを目指すために
学問を学ぶ人になってはいけません。
国の発展や人々の役に
立つことを考えるのが、
本当の学者なのです。

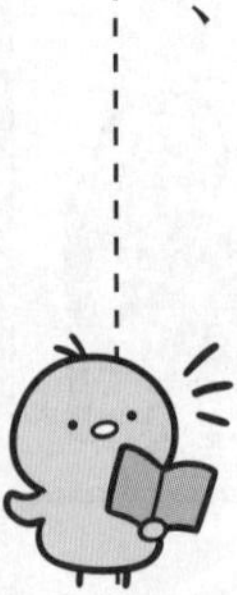

この言葉の「儒」とは学者を指しています。

孔子は同じ学者でも、世のため人のために自分自身を常に高めようとする学者、すなわち「君子の学者」と、自分の名声や社会的地位ばかり求める学者、すなわち「小人の学者」がいると考えていました。

「君子の儒と為れ、小人の儒と為る無かれ」とは、名声や社会的地位を目指す学者ではなく、**理想的な社会を実現するため、自分自身を高める学者になりなさい**という教えを表しています。

この言葉には、今の世の中でも通じる価値があります。「良い大学」を目指す学生の多くは、卒業後、有名企業に就職したり官僚になることばかりに目を向けています。その目的は名声や社会的地位を得るためです。

しかし、**世のため人のため、国を発展させる目的**を持って、有名企業への就職や官僚を目指している人はどれほどいるでしょうか。小人の学者ばかり目指し、君子の学者を目指している人が少ないのが現状です。

さて、この言葉は孔子が弟子の子夏（しか）に言った言葉です。この言葉を聞いて、子夏は、感動して身体がふるえたのではないかと思います。

孔子は子夏を「十大弟子」の一人として、「文学（学問）の専門家」と言うほど、高く評価していました。孔子は子夏より四十四歳も年上の大先生です。そんな先生から「君子の儒と為れ、小人の儒と為る無かれ」という言葉をかけられたのですから、さらにがんばろうという気持ちが湧いたのは想像に難くありません。

孔子は子夏に**「小人のような学問をしてはいけない。本当の学問をしなければならない」**とも言っています。

「小人の学」は、「学問のための学問」を指します。学問や研究がおもしろいのはいいとして、そのおもしろさに溺れてしまい、広い視野から物事を見ることができない学者がたくさんいます。

孔子はそれではダメなのだと子夏に教えるのです。

孔子が理想としたのは、天下を救済する「徳」を備えた人を育てる学問です。学問や研究に溺れてしまえば、子夏は優秀であるだけに、そのことを忘れてしまうおそれがあると孔子は思ったに違いありません。

図解・知識を生活に役立てる方法

小人の学者
君子の学者
名声や社会的地位を目指す学者
理想的な社会を目指す学者
現代社会でも地位や名声ばかり目指し、国の発展を本気で考えている人は少ないものです
小人の学
学問のための学問
広い視野から物事を見ることができない！
〔学問や研究に溺れてしまってはいけません〕

つい人に話したくなる

論語の世界④

——『論語』が「人生の必読書」になった理由

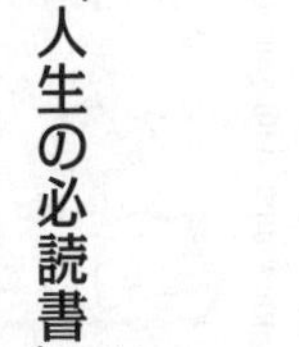

『論語』は、十九世紀初頭から、聖書に次ぐロングセラーと言われています。

書店に行くと、『論語』の本がたくさん並んでいます。難しそうな漢文ばかりのものもあれば、わかりやすい図版が付いていたり、かわいいイラストで解説されていたり、マンガになっているものなど、多種多様です。

さて、『論語』は前漢（紀元前二〇二～紀元後八）の前半から読書人必読の書物として、役人になる人は必ず読んで覚えるべきものになっていました。

その理由は、孔子がこの頃から次第に「聖人」として扱われるようになってきたからです。聖人である孔子の教え「仁義礼智信（じんぎれいちしん）」を説く『論語』こそ、漢という大帝国を支える教育と政治の分野で、最も重要な基本理念を伝える書物だと考えられるようになったのです。

前漢の武帝（在位・紀元前一四一～前八七）の時代には、孔子の教えを「儒教」として国教にして、「五経博士」が設置されます。「五経博士」とは、孔子が編纂したとされる『易』『書』『詩』『礼』『春秋』の五つの書物の専門家を養成する高等教育機関です。

そして、後漢の一七五年から一八三年にかけて、「石経」という、石に刻まれた『論語』と「五経」を首都である洛陽の「太学門」の前に建てると、人々はそれを写したり、拓本にして、『論語』は広まっていったのです。

さらに、隋（五八一～六一八）王朝で高級官僚の登用試験である科挙が始まると、『論語』は必須の科目になります。

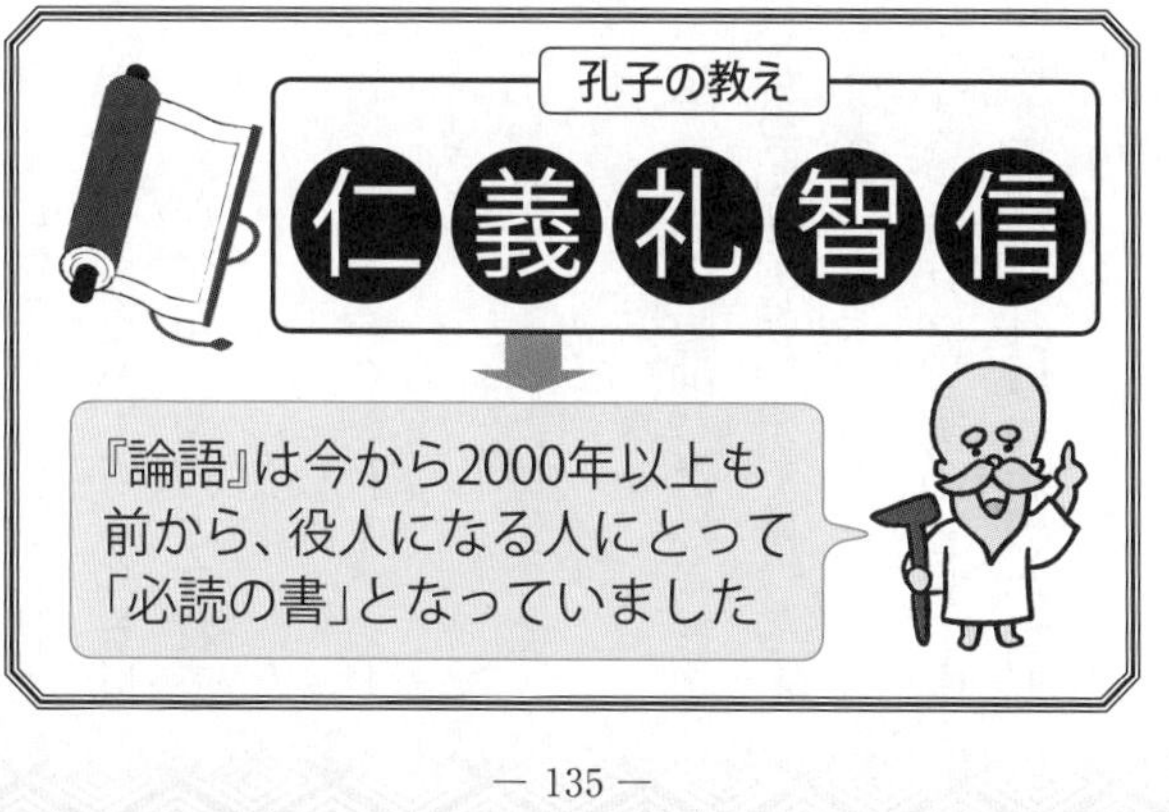

孔子の教え
仁 義 礼 智 信
『論語』は今から2000年以上も前から、役人になる人にとって「必読の書」となっていました

こうして、前漢以降の中国では、二〇世紀の中国共産党による「批孔(ひこう)」（孔子を批判する政治運動）が行われた文化大革命（一九六六〜一九七六）の十年を除いて、現代に至るまで世代を超えて、『論語』を学ぶことが絶対の教養とされてきたのでした。

さて、中国からわが国に『論語』がもたらされたのは応神天皇の時代だとされていますが、およそ六世紀前半と考えて間違いありません。

六四五年に行われた大化の改新以降、わが国は中国の律令を学んでいきますが、この律令制の根幹にあるのも、『論語』の教えなのです。

さらに、江戸時代になると藩校や寺子屋、塾で、『論語』は暗誦(あんしょう)したり、習字の手本などにも使われるようになります。江戸時代から昭和の初期までは、子どもから大人まで、『論語』は「知っていて当たり前」の本だったのです。

ヨーロッパでも『論語』は、広く読まれつつあります。それは現実の社会の中で、人に対してどのような愛情を持ち、また信頼関係を構築すればいいのかなどを考えるのに、『論語』は非常に重要な書物だと考えられているからです。

『論語』が「人生の必読書」になった理由

孔子の教え ⇔ 儒教 ⇔ 国教

↓

五経博士

易 書 詩 礼 春秋

『論語』は教育と政治における最も重要な基本理念を伝える書物として読まれていました！

6世紀前半

「応神天皇の時代に日本に伝わる」

『論語』の教え ⇔ 律令制の根幹

「江戸時代から昭和の初期頃まで、『論語』は知っていて当たり前の本となる！」

論語コラム４

孔子の「十大弟子」は誰と誰？

孔子には3000人の弟子がいたと言われます。「三千」とは、中国古典では「はなはだ多い」ことを形容する言葉なので、孔子に具体的に3000人の弟子がいたということではありません。「三千人の弟子」は、孔子の門人たちの弟子に当たる人たちも含まれています。

孔子から直接学び、孔子から自分の弟子だと認められた十人は「孔門の十哲」と呼ばれます。「徳行（徳の高い行い）」には顔回、閔子騫、冉伯牛、仲弓。「言語（弁舌）」では宰我と子貢。「政事（政治）」には子有と子路。「文学（学問）」には子游、子夏と言われます。

第4章

「会社」「仕事」ですぐ使える論語の言葉

①「伝える力」を伸ばす方法

誰でも理解でき、誰もが興味あることを話す

巧言令色（こうげんれいしょく）、鮮（すくな）し仁（じん）。

（学而篇（がくじへん））

超訳

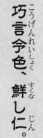

口先だけで「型通り」の話し方をして近づいてくる人の本心は、利己的で自分の利のことしか考えていません。

「巧言」とは巧(たく)みな話し方、能弁(のうべん)、雄弁(ゆうべん)なことを指し、「令色」とは人当たりのよい容姿や態度のことを指しています。

「鮮し仁」とは、人を思いやる心がないということです。

つまり「巧言令色、鮮し仁」とは、「人当たりのよい風貌で言葉巧みに近づいてくる人には、人を思いやる心がありません」という意味になります。

人から気に入られそうな風貌で調子のいいことばかり、甘い言葉で近づいてくる人には警戒する必要があるということを、孔子はこの言葉を通じて警鐘を鳴らしているのです。

それでは、どうしたら口先だけでなく、相手の心に響く話し方をすることができるのでしょうか。

孔子は「詩を学べ」と、『論語』の中で何度も弟子たちに言っています。

これは「語彙力(ごいりょく)をつけること」と「共通語を話せるようになること」を意味します。すなわち、**誰にでもわかる言葉で、物事を詳しく説明する力をつけなさい**ということです。そして「人の心に、まっすぐに入って行く言葉を使いなさい」

とも言っています。

「巧言令色」とは、「巧みな言葉を使って、相手の顔色を見ながらその場を切り抜ける」という意味ですが、別の表現をすれば、誰もがやっているような「型通り」の方法で、本当はわかっていないのに、まるでわかっているかのように、ごまかしてしまうという意味もあります。

孔子は「仁」と「徳」を教えの根幹に置いていました。

そのためには、**どんな人にも理解できること、また貴賤を問わず多くの人が興味を抱くことに対しての注意の喚起が必要だったのです。**

孔子のところに「教え」を乞うてやってくる人が絶えなかったのは、まさに、孔子が画期的なプレゼン力を持っていたからに違いありません。

現代社会では、あらゆる場面でプレゼン力が必要とされます。

ビジネス上で新しいものを開発しそれを販売しようとしたときに、だれもが行うような「型通り」のプレゼンをしていたのでは、付加価値をつけることができません。人の心をしっかりと掴む話し方が重要となってくるのです。

図解・「伝える力」を伸ばす方法

巧言 ＝［巧みな話し方、能弁、雄弁］

令色 ＝［人当たりのよい容姿や態度］

鮮し仁 ＝［人を思いやる心がない！］

人当たりのよい風貌で、言葉巧みに近づいて来る人には、人を思いやる心がない！

好感をもたれるような身なりで、甘い言葉で近づいてくる人には注意しなければいけません！

相手の心に響く話し方

口先だけでない話し方

語彙力をつける　共通語を話す

②「実行力」を高める方法

話す前にまず行動する。行動した後に説明する

先(ま)ず其(そ)の言(げん)を行い、
而(しか)して後(のち)にこれに従う。

（為政篇(いせいへん)）

超訳

まずは行動することが大切です。
行動を起こしてから、
どうしてその行動をしたのかを
説明しましょう。

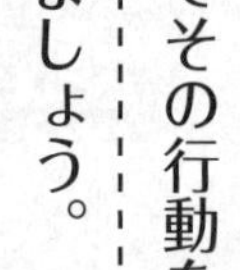

大きな目標を立てても、目標を立てただけでは何もなりません。**まずは行動を起こすことが大切なのです。行動をした後に、はじめて目標を言葉にしなさい**という孔子の教えです。目標に向かう行動は、誰かしら見ているものです。

色々なことを頭の中で考えているだけでは、何の役にも立ちません。**「言う前にまず実行せよ」**です。しかし口ばかり達者で、実際の行いが伴(ともな)わない人が多いのも現実です。可能であれば「有言実行」「言行一致」でいきたいところですが、現実には「言っていること」と「行っていること」が食い違っている人も見かけます。これは「理想」と「現実」の差なのかもしれません。

たとえば「タバコをやめたい」と言いながら、いつまでもやめられない人がたくさんいます。年始に「今年こそ日記を付けよう」と張り切っていても、数週間後には忙しさに負けて、日記帳がどこにあるのかさえわからなくなってしまうことも珍しくありません。

「言行」が一致しないことを悔やむのは当然のことでしょうが、それを気にしすぎてしまうと、「自分で決めたことも実行できない、ダメな人間だ」と、不幸の連鎖にはまり込んでしまいます。

孔子も、そのことをよくわかっていました。だからこそ、孔子は色々と言う前に「実行することが大切だ」と説いているのです。

「まず行い、その後に、こうしようと思っていたと後から人に説明をする」とは、三十一歳年下の子貢からの、「君子とはどういう人か」という質問に対して孔子が答えた言葉です。君子とは、「理想の人」です。**孔子が理想と考えていた人は、「まず、言う前に行動を起こす人」でした。**

タバコをやめようと思うのなら「吸わない」という行動を起こす。日記を続けたいのなら、とにかく書き続けるしかありません。「書くぞ」と言っても、書かなければ、かえって自分が嫌になってしまいます。「やらない」のであれば、ただ「やらない」という行動を起こせばいいのです。

一つひとつの選択が、その人の一生を大きく変化させていきます。不幸の連鎖にはまり込んでしまわないためには、良くも悪くも**「選択して行動を起こす」という自立した考え方が必要だと、孔子は教えているのです。**

図解・「実行力」を高める方法

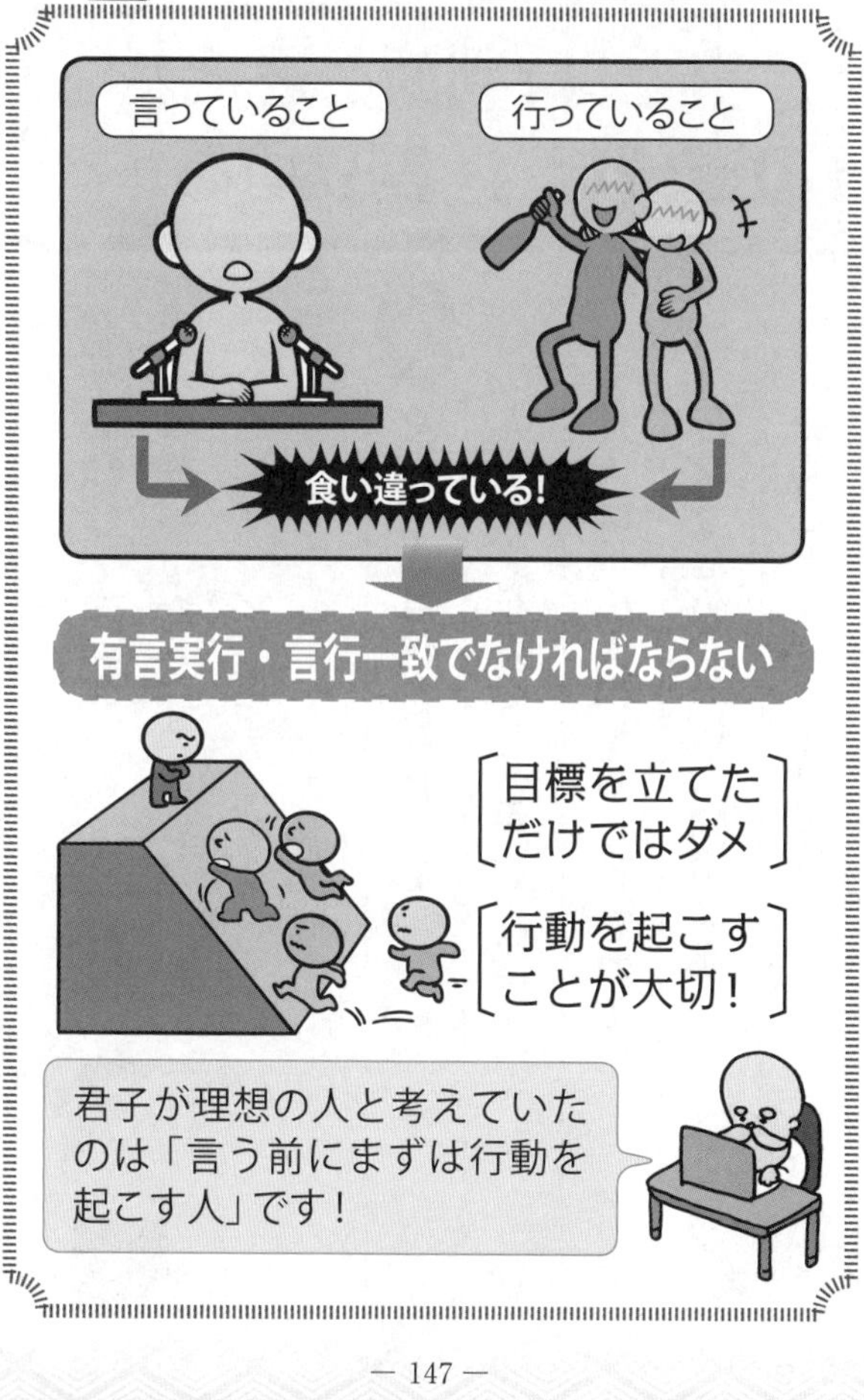
言っていること
行っていること
キ
食い違っている！
有言実行・言行一致でなければならない
目標を立てただけではダメ
行動を起こすことが大切！
君子が理想の人と考えていたのは「言う前にまずは行動を起こす人」です！

③他人に流されない方法

仕事とは「判断と選択」の連続だと、割り切る

君子は和して同ぜず。
小人は同じて和せず。
（子路篇）

超訳

立派な人は信念を持って人間関係を築くことができますが、凡人は他の人の意見に流されてしまうため、良い人間関係を築くことができません。

自分の信念を持っている立派な人は、誰とでも仲良くすることができますが、人はそれぞれ異なった考え方を持っていることも理解しています。ですから無理に人の意見に合わせようとはしません。

反対に自分の信念を持っていない凡人は、すぐに他の人の意見に同調してしまう傾向にあるため、逆に良い人間関係を築くことが難しいということを教えている言葉です。

人間は人の意見に左右されやすいものです。しかし立派な人は、人の意見に左右されません。「みんながやっているから」という多数派の考え方に動じることなく、信念に基づいて行動します。

孔子が理想とした社会は、一人ひとりが一〇〇%の実力を出して仕事をし、それが歯車のように他の人たちを動かし、有機的に機能する社会でした。

つまり、それぞれの人が独立した意識と力を持ち、それが束ねられて「和」することによって、自然に「調和」した世界になることを理想としたのです。

しかし現実には、多くの人たちは「同」ばかりしていると孔子は嘆いています。

この言葉の「同」は、四字熟語でいえば「付和雷同（ふわらいどう）」を指しています。「付和」は、「自分にしっかりとした考えがなく、むやみに他人の意見に同調すること」を意味します。その場限りのことだけで、賛成したり反対したりすることです。また「雷同」は、もともと「雷が鳴ると、あらゆるものがそれに応じて響くこと」を意味する言葉です。強い言葉で言われると、自分の意見などすぐに捨てて、それに応じることです。

立派な人は、常にブレない視点や態度を持って、自分の判断で物事を進めていきます。それは他人のことを考えないということではありません。君子とは「礼儀」を守り、他人の意見も聞き入れながら、正しい道を歩む人のことです。

それに対して、確固たる考えを持たない人は、何を善悪の判断にしていいのかもわからず、その場の雰囲気に押されて、つい人に同調してしまうのです。

人生は、判断と選択の連続です。しっかりとした情報力と、それを処理し、判断する力を持っていないと、大勢の意見に影響されてしまうことも少なくないのではないでしょうか。「雷同」しないための「力」を養うことが重要です。

図解・他人に流されない方法

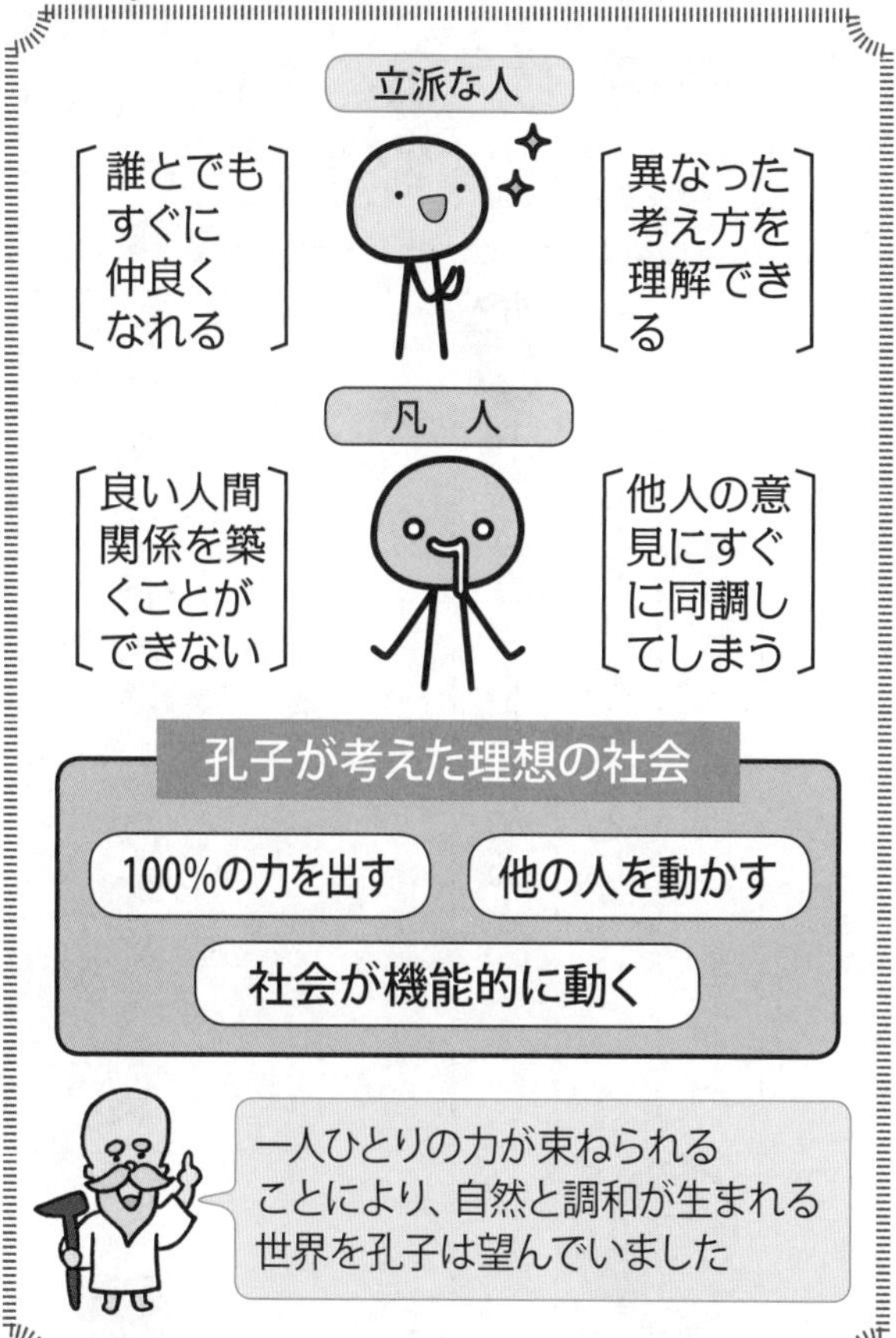

立派な人
誰とでもすぐに仲良くなれる
異なった考え方を理解できる
凡 人
良い人間関係を築くことができない
他人の意見にすぐに同調してしまう
孔子が考えた理想の社会
100%の力を出す
他の人を動かす
社会が機能的に動く
一人ひとりの力が束ねられることにより、自然と調和が生まれる世界を孔子は望んでいました

④敵を無駄に作らない方法

「利益」を考えるときは「調和」にも神経を使う

利に放(よ)りて行えば、怨(うら)み多し。（里仁(りじん)篇）

超訳

利益ばかり追い求めると、人から怨まれることになります。

人間は働かなければ、お金を得ることができません。ビジネスはお金儲けが基軸となって動いています。

しかし、お金が儲かればどんな手段を用いてもいいわけではありません。相手に迷惑をかける方法で得たお金は、やがて人から怨まれるということをこの言葉は表しています。

確かに仕事、すなわちビジネスとは、「利益」を求めるものに違いありません。しかし、その利益はどのようにして得たのか、また得た利益で何を行うかによって人の評価は大きく変わってしまうことに対して、孔子はこの言葉によって警鐘を鳴らしているのです。

公明正大な方法で得たお金であれば、どのような方法で儲けたお金なのか説明することは簡単です。そして他の人から怨みを買うこともありません。儲けたお金を社会に還元していたら、多くの人たちから感謝されます。

しかし、私利私欲にかられ、社会に対する貢献ができない人たちは、後ろ指を指されたり、人から怨まれてしまいます。

「怨」という漢字の「心」の上の部分は、人が二人、身体を小さく曲げているようすを描いたものです。鬱屈（うっくつ）して、自分の思いを発散できないでいる状態を表します。それに「心」がついて、「人に抑えられて気が晴れない状態。また残念でムカムカしていること」を意味するのです。「ムカムカする人」はもちろんですが、人にそういう思いをさせる人も、気持ちがいいはずがありません。

孔子は、「利益」が自分の手もとに入ってくるときには、**自分の得る「利益」の裏には「鬱屈して残念だと思う人」がいないかどうかをよく考えてみなさい**と弟子たちに教えていました。

それでは、人はお金儲け、すなわち「利益」を基軸に考えるのではなく、何を基軸に考えて生活していけばいいのでしょうか。

孔子はこの問いに対して、まず**人と協調していくこと**、すなわち**「礼」**であると答えています。**人との調和を第一に考えて行動をすれば、けっして「怨」が生まれることはなく、代わりに「学びへの楽しみ」が生まれてくるものだ**と言っています。学ぶことの楽しみこそ、「怨」から遠ざかる方法だと考えていました。

図解・敵を無駄に作らない方法

社会に貢献できない金儲け
人から怨まれることになる
利益を求めることばかり追求してはいけない
ビジネス
お金儲け
公明正大な方法で利益を求める
企業は商取引で得た利益がその後、どのような形で使われたかによって評価されます
礼
＝
人と協調していくこと
調和することを考えて行動をすれば、人から怨まれることがありません！

⑤有能な部下になる方法

上司が誤ったときこそ「部下の出番」と考える

欺くこと勿かれ、而して之を犯せ。（憲問篇）

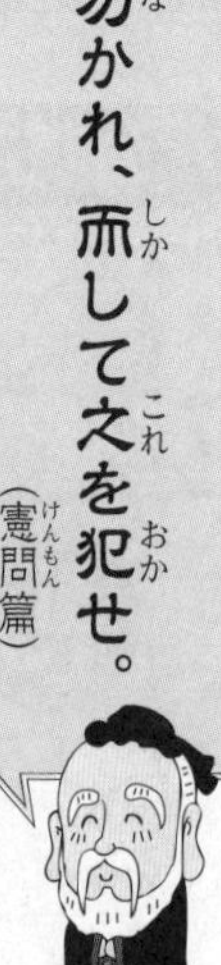

超訳

人生において大切なことが二つあります。
ひとつは人をけっして欺かないことです。
そしてもうひとつは、
目上の人であっても、
過ちは指摘してあげることです。

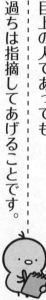

この言葉には、生きていくうえで大切なことは**「人を騙さないこと」**、すなわ**ち「誠心誠意」を貫くことであり、そして目上の人（君主、上司など）が間違ったことをしていたら、機嫌をそこなう可能性があっても、過ちを指摘してあげることが大切だ**という意味です。

孔子は人が生きて行くうえで、必ず守るべきことは**「人を欺いてはいけない」「目上の人の過ちを正す」**ことだと教えているのです。

人を欺くことは、自分を欺くことにもなります。自分を欺いて、それを悔やみ、悩み、苦しむことは人としての価値を下げてしまうことにつながります。

新聞やテレビでよく取り上げられていますが、高い地位や名声を得るために、汚職（おしょく）、賄賂（わいろ）などに手を染めてしまう人たちがいます。このような手段で高い地位や名声を手に入れて、そして財産を得ることに慣れてしまった人は、それが良くないことだとさえ気づかなくなってしまうようです。

「人を欺くこと」に慣れてしまうと、いつしか自分を欺くことにさえ注意を向けられなくなってしまうのです。

「欺くこと勿かれ、而して之を犯せ」とは、弟子の子路が「君主に事えるための道の真髄」に対する質問に孔子が答えた言葉です。

それは、まさに**「他人を欺いてはいけない」のと同時に「自分を欺いてはいけない」ということを伝えようとした**のではないかと思うのです。

孔子は、もうひとつ「君主に事えるための道」について「之を犯せ」と子路に言っています。**「相手が君主であろうと、間違った判断をしようとしているときは、必ずこれを正しなさい！」**と教えるのです。

君主とは、国民、民衆を安定した政治の中で守るためにいる人です。ひとつの間違った判断は、国民の命を危険に曝す可能性だってあるのです。

孔子は『論語』の中で「財産と高い地位は、人が誰でも欲するものだから、それを求めるのは必ずしも悪いことではない（富と貴とは、是れ人の欲する所なり）」と言っています。「しかしその財産と地位が理に適った方法でなかったとしたら、君子はそれを容易に自分のものとはしない（其の道を以てこれを得ざれば、処らざるなり）」とも言っています。

図解・有能な部下になる方法

部長間違っていますよ
なんだと……！
上司であっても過ちは指摘してあげる
人を騙さない
誠心誠意
人として守るべきこと
人を欺いてはいけません
目上の人の過ちを正す！
人を欺くことは自分を欺くことになり、自身の評価を下げることになります

⑥有能な上司になる方法

部下の能力は、上司の能力に比例して伸びる

其の身正しければ、令せずして行なわる。其の身正しからざれば、令すと雖も従われず。

（子路篇）

超訳

上司は、間違ったときには反省し、信念に従ってまっすぐな生き方をしなければなりません。部下は上司を見ています。部下を見れば上司の姿は想像できます。

過ちを犯してしまったときに、自分自身を省みることができない人は、自分自身を正すことはできないものです。部下の姿を見れば、上司がどのような人格の持ち主であるかを想像することは難しいことではありません。つまり人格は人に移るものなので、**教えを与える立場の人は、人から後ろ指を指されない人格者にならなければいけない**ということを教えている言葉です。

成長し続けている企業は、社員がリーダーや社長の考え方を理解しているものです。社員の姿を見るだけで、社長がどのような考え方や目標を持っているかを想像できるということです。

孔子は、「政治」とは「正すこと」だと言っています。

政治を先導していく君主こそ、内政、外交、経済などあらゆる面から敏感に、国が向かう正しい方向がどこなのかを、間違わずに判断する力を持っていなければなりません。国だけでなく、会社でも同じことが言えます。

社長がしっかりしている会社は、舵(かじ)取りがうまくてどんな危機も乗り越えていきます。しかし、社長が取引先との関係を適切に築くことができず、社員の要望に耳を貸すこともないようでは、「会社の将来がない」と思われても仕方がないでしょう。

組織で「長」を担う人は、自分自身の立場を理解し、部下を「正しい方向」に向けさせ、「安心」して生活や仕事ができるようにしなければなりません。

ところで、課長、部長、社長が懸命に、自分や人々を「正しい方向」に向かわせようと努力を惜しまず働いている姿を見ると、人はそれに感化されて、「自分もそうなろう」と思うのではないでしょうか。

誰でも「ああしろ！　こうしろ！」と命令を受けるのは嫌なものです。

しかし、**上の立場に立つ人たちが、努力している姿を見れば、「自分には何ができるのだろうか」、「自分がやるべきことは何か」と考えて、命令を受けないでも、自発的に行動する人たちも出てきます。**そして、そういう人たちが周りにいれば「切磋琢磨」して互いを研鑽（けんさん）し、より良い方向に向かう力も湧いてくることでしょう。部下をやる気にさせ、人々を正しく安心した方向に向かわせようと考える人こそが、真のリーダーなのです。

図解・有能な上司になる方法

衰退していく企業
成長していく企業
リーダーの考え方が社員に浸透していない
リーダーの考え方が社員に浸透している
社員の姿を見れば、リーダーの考え方やどんな目標を持っているかが想像できます
部下を正しい方向へ導くように努力する
安心して生活や仕事ができるようにする
リーダー（長）の姿を見て、「自分も同じような人間になろう」と思うようになる

⑦人をやる気にさせる方法

人は「草」、自分は「風」。風で草を動かしてみる

君子の徳は風なり。
小人の徳は草なり。
草、之に風をくわうれば必ず偃す。
（顔淵篇）

超訳

上に立つ者は、部下が働きやすい環境を整えなければなりません。環境の良い職場では社員は上司の言葉を素直に受け入れ、やがて組織は成長します。

政治の世界でもビジネスの世界でも、上に立つ人間の考え方や行動によって、下の人たちの考え方や行動パターンは変化するものです。

「君子の徳は風なり」とは、**リーダーの考え方次第で部下の考え方が変わる**ことを表しており、「小人の徳は草なり」は、草の向きは風によって変化するように、**部下はリーダーの風向きによって変化するものである**という意味です。

「草、之に風をくわうれば必ず偃す」とは、リーダーの考え方や行動はそれに従うものに大きな影響力を与えるということです。

つまりこの言葉は、**上司は部下が気持ち良く働ける環境を作る力がある**一方、不満ばかりが蔓延する環境も作ってしまう力があることを意味しています。

気持ち良く働ける環境では、上司の考えは部下に自然と浸透し、上司の提言や助言が素直に受け入れられる組織に変化していくことを教えています。

ビジネスの世界のみならず、政治の世界でも同じことが言えるでしょう。

極端な考え方をする政治家というのは、孔子の時代からいました。

孔子は故国・魯の大夫（たいふ）（大臣）、季康子（きこうし）という人から「国がうまく治まらないのは、人民に無道の者が多いからに違いありません。もしこの無道の者たちを殺して、人民を道のある方に向かわせるようにしたらどうでしょうか」と問われました。季康子のこの発言は、今の言葉にすれば「恐怖政治」「専制主義」と言い替えてもいいのではないかと思います。

法律を厳しくして、法に触れたら「殺してしまえ」と言うのです。そうすれば、皆、悪いことはしなくなるという考え方です。孔子は季康子のこの発言に、びっくりしたに違いありません。

孔子は犯罪者を殺すことで犯罪が減るとは、まったく考えていませんでした。**人々を規制しようとして、従わないときには刑罰で臨もうとすれば、人々は、「刑罰を免れれば、それでいい」と思うようになります。**そして、悪いことをしても「恥ずかしい」とさえ思わなくなってしまうに違いないと考えていたからです。

そこで孔子は季康子自身に反省を促す意味も込めて、**君主自ら規範となる行動を示せば、民は理解し、君主に従うものである、**すなわち「君子の徳は風なり。小人の徳は草なり」という言葉を伝えたのです。

図解・人をやる気にさせる方法

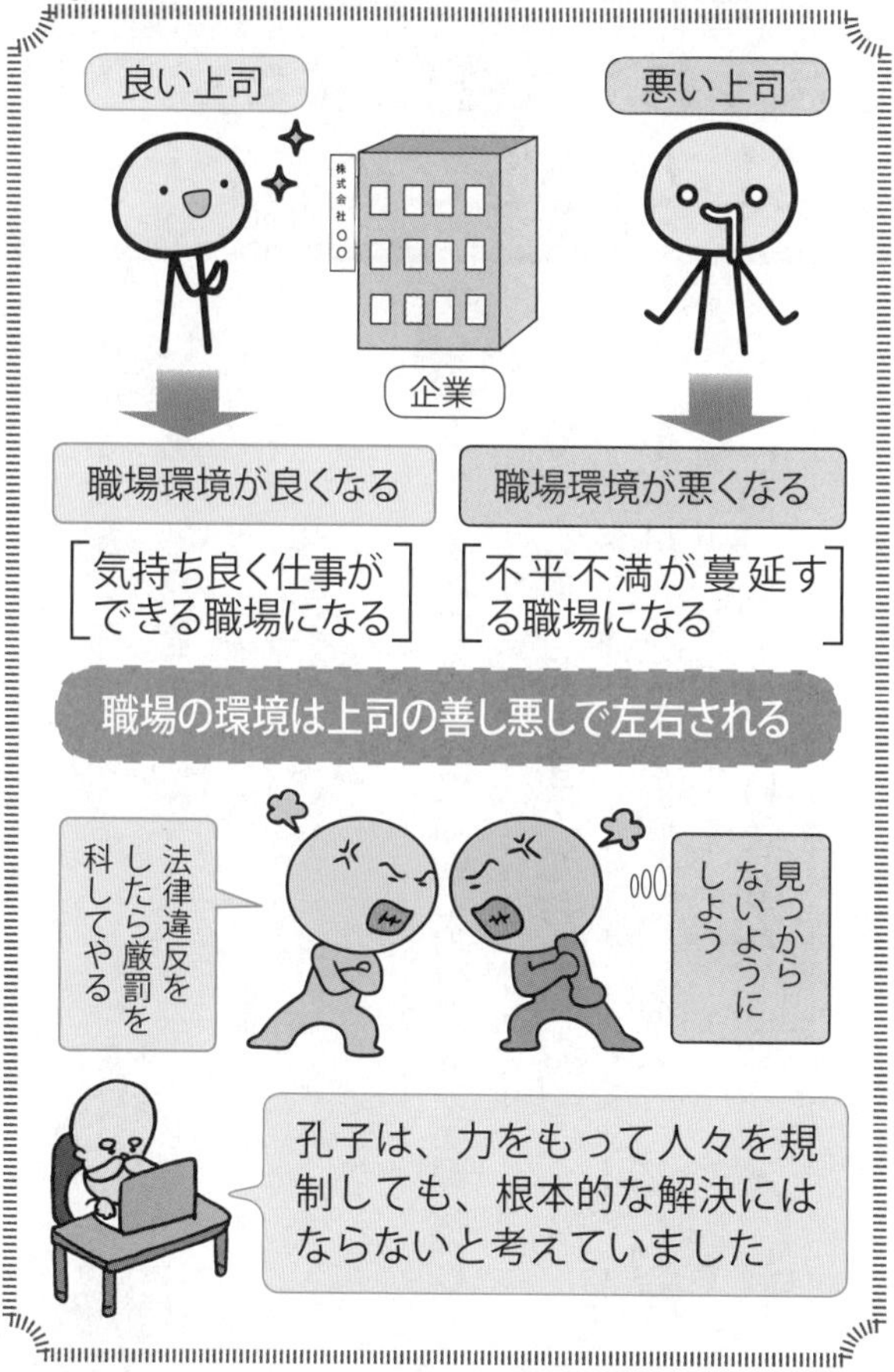
良い上司
悪い上司
株式会社○○
企業
職場環境が良くなる
職場環境が悪くなる
［気持ち良く仕事ができる職場になる］
［不平不満が蔓延する職場になる］
職場の環境は上司の善し悪しで左右される
法律違反をしたら厳罰を科してやる
見つからないようにしよう
孔子は、力をもって人々を規制しても、根本的な解決にはならないと考えていました

⑧「リーダーの器」になる方法

まずは「寛容になる」。そして「心をこめる」

上に居て寛ならず、礼を為して敬せず。

（八佾篇）

超訳

人の上に立つ人は、部下の気持ちを理解し寛大な心の持ち主でなければなりません。

形式ばかりにとらわれている人にも、なってはいけません。

部下に対してどのような態度で接しているかによって、上に立つ者の器、度量がわかるものです。

「上に居て寛ならず」とは「部下が過ちを犯したときに頭ごなしに叱責し、なんの助言もしてあげられない上司になってはいけません」という意味です。常に寛大な気持ちで部下に接することが大切である、ということを表しています。

「礼を為して敬せず」とは、「葬儀に参列するときには、心から哀悼の意を表すことができない人間になってはいけません」という意味です。形式だけにとらわれて、心がこもっていない状態で葬儀に参列しても意味がないということを、孔子はこの言葉を通じて私たちに教えているのです。

「形式」に従っていれば、大きな間違いを犯しません。多くの人が形式を好むのは、その方が楽であり、多少失敗しても責任をとらずにすむからです。

孔子はすべてにおいて、**形式的であることはダメだ**と考えていました。

「人の上に立つ立場で、寛大な心を持っていない人」「挨拶を含め儀礼的なことを行うのに、まったく恭しい気持ちのない人」「お葬式に参列しても哀しみを見せない人」が多すぎると言うのです。

人の上に立つということは、人々を指導する立場にあるということです。

いつもイライラしている上司は、上司としては失格です。仕事や私生活について気軽に相談できるような人が上司であったら、部下はその人を慕うに違いありません。そして仕事も円滑に進むはずです。

しかし、挨拶をしても返事さえしないような人が上司だったらどうでしょうか。職場の雰囲気はとても悪くなってしまいます。

お通夜、お葬式に行っても、ただ形式的に参列するだけという人も少なくありません。人の「死」に対して、哀悼の意を捧げるというのは、自分の「生」を考えることでもありますし、人と人とのご縁に対して深く思いを寄せることにもつながります。孔子は形式的に生きている人に対して、「私はそんな人に何の取り柄も見出すことができない」と言っています。

形式的である以前に、**「心を込めて人に接しているか」「心を込めて物事に対処しようとしているか」**と孔子はいつも考えていたのです。

図解・「リーダーの器」になる方法

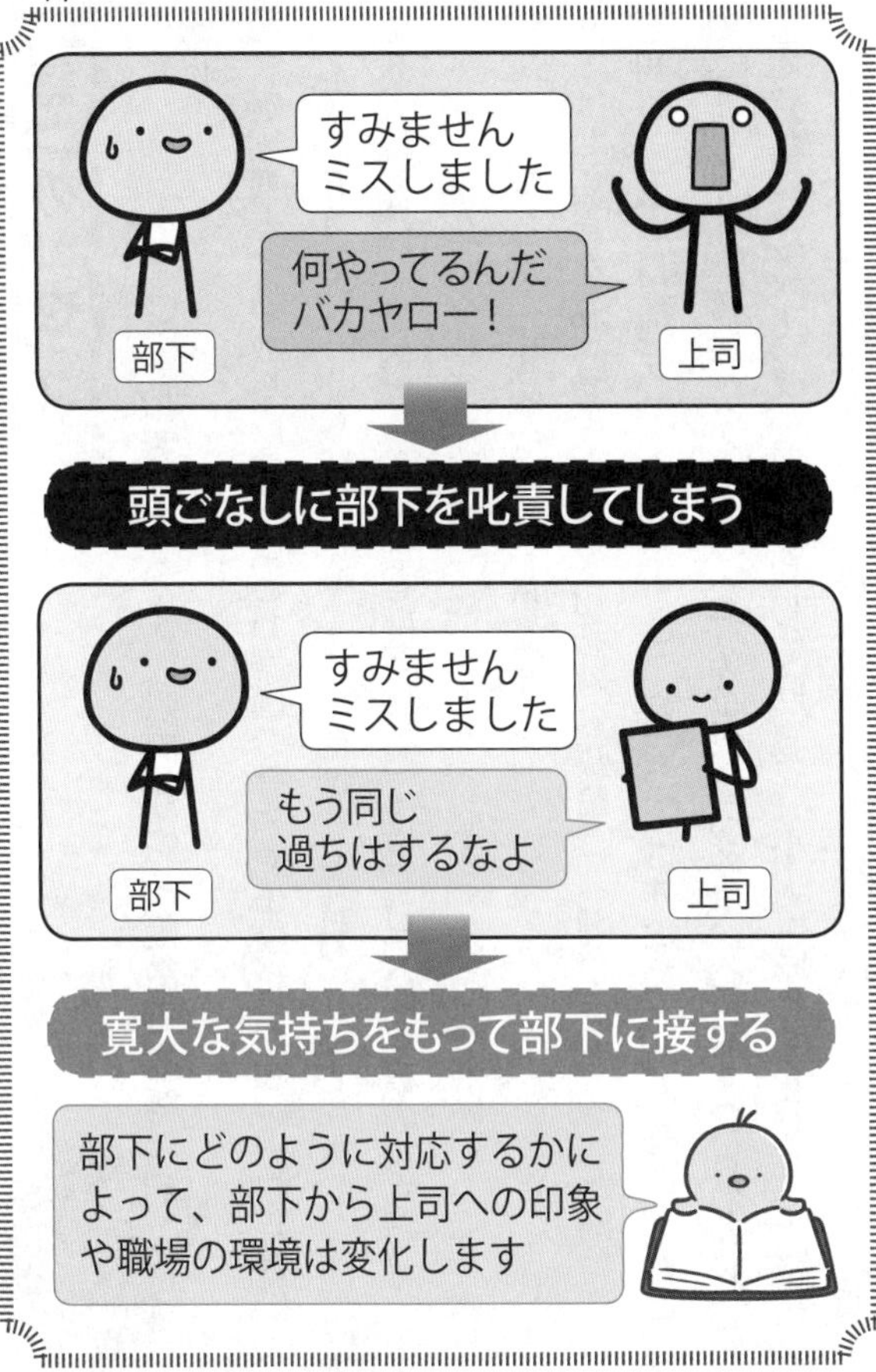

すみません
ミスしました
何やってるんだ
バカヤロー！
部下
上司
頭ごなしに部下を叱責してしまう
すみません
ミスしました
もう同じ
過ちはするなよ
部下
上司
寛大な気持ちをもって部下に接する
部下にどのように対応するかによって、部下から上司への印象や職場の環境は変化します

つい人に話したくなる

論語の世界⑤

――教養がつく！『論語』が生んだ故事成語

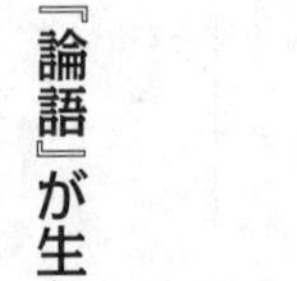

『論語』を出典とする故事成語やことわざは、今でも中学校の国語の教科書にも紹介されていますし、小学校の道徳や高校の倫理でも教わります。また、江戸時代の藩校では、鶴岡（庄内）藩の「致道館（ちどうかん）」――君子は学びて以て其の道を致す（子張篇）や水戸藩の「弘道館（こうどうかん）」――人、能（よ）く道を、弘（ひろ）む。道、人を弘むるに非ざるなり（衛霊公篇）など、『論語』にちなむ校名がついていることも少なくありません。

本文では「故きを温めて新しきを知る（為政篇）」（34ページ）、「一を聞いて以て十を知る（公冶長篇）」（118ページ）、「過ちてはすなわち改むるに憚ること勿（な）かれ（学而篇・子罕篇）」（84ページ）、「己の欲せざる所は、人に施すこと勿かれ（顔淵篇・衛霊公篇）」（64ページ）、「君子は和して同ぜず。小人は同じて和せず（子路篇）」（148ページ）など、故事成語やことわざとして伝わっている『論語』の言葉を紹介しましたが、他にもまだまだ、現代にも生きている『論語』の言葉がたくさんあります。

その中から代表的なものを紹介しましょう。

・死して後已む（泰伯篇）

死ぬまで努力を続ける。孔子の弟子、曾子の言葉です。人というものは心が広く、強くなくてはならない。

なぜなら、人が一生背負うものは重く、生きていかなければならない道のりは遠いからです。

・鬼神は敬して遠ざく（雍也篇）

表面上は尊敬しているように見せかけてはい

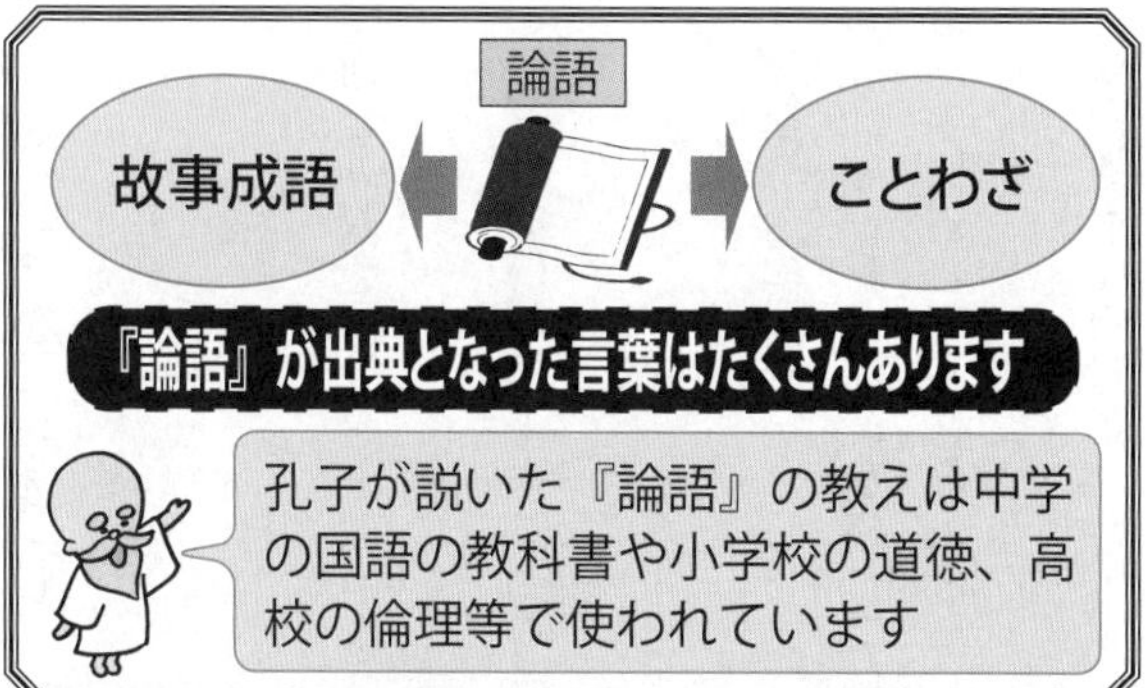

論語
故事成語
ことわざ
『論語』が出典となった言葉はたくさんあります
孔子が説いた『論語』の教えは中学の国語の教科書や小学校の道徳、高校の倫理等で使われています

ても、内心は関わりのないように、つまり近づかないようにすることを指しています。「敬遠」の語源になっている言葉です。

•往く者は諫むべからず（微子篇）

失敗してしまったことを悔やむより、これからは同じ失敗を繰り返さないようにすることが大切であるという教えです。
起きてしまったこと、すなわち過去を変えることはできないが、未来はいくらでも変えることができるのです。

•知者は惑わず、仁者は憂えず、勇者は懼れず（子罕篇）

知識がある人は正しい判断をすることができ、しっかりとした信念を持っている人は迷ったりしません。そして、勇気のある人は何事に対しても怯むことなく立ち向かうことができます。
すなわち「知・仁・勇」は幸せな人生をおくるための基本なのです。

教養がつく！『論語』が生んだ故事成語

故きを温めて新しきを知る（34ページ）

一を聞いて以て十を知る（118ページ）

過ちてはすなわち改むるに憚ること勿かれ（84ページ）

己の欲せざる所は人に施すこと勿かれ（64ページ）

君子は和して同ぜず。小人は同じて和せず（148ページ）

『論語』

『論語』の中には現代社会で大いに役に立つ数多くの故事成語やことわざが載っています！

孔子の教え ― 生きる知恵

『論語』は2000年以上の時を経ても色あせない

『論語』には人生の大切な指針がたくさん書かれています！

論語コラム5

孔子と太子の意外な関係

厩戸王（聖徳太子）は6世紀後半、飛鳥時代に「和を以て貴しとなす」という「和の精神」を広めた人物として有名です。この言葉は厩戸王が604年に制定したとされる、十七条の憲法にも書かれています。

「和の精神」とは争いを止め、相手の考えを尊重し、協調しあって生きていく考え方を指しています。武力によって争うことなく、自分の考え方を相手に伝え、話し合いによって解決するという考え方です。

この思想は、『論語』の影響を受けていたと言われています。

第5章

より素晴らしい「人間」になる論語の言葉

①ミスを激減させる方法

失敗しても、改めれば「失敗」ではなくなる

過ちて改めざる、
これを過ちという。

（衛霊公篇）

超訳

過ちを犯してしまったら、すぐその過ちを認め、悔い改めるとやり直しはききます。
過ちをそのまま放置していると、取り返しがつかないことになってしまいます。

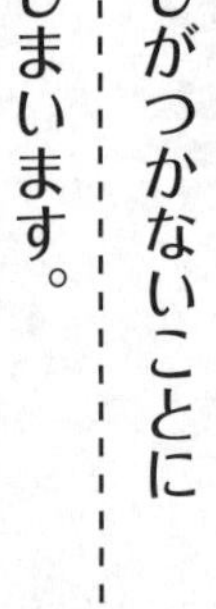

待ち合わせ時間に遅刻をしてしまったり、人の見ていないところでつい怠けてしまうことは、誰でもしてしまうものです。

つまり、人間とは間違ったこと、過ちを犯してしまうものです。

しかし過ちを犯してしまったときにこそ、忘れてはいけないことがあります。それは**過ちに気づいたら、すぐに反省し悔い改めることです。**

つまり過ちを犯したときにはその過ちを改める心を持つことが重要であり、悔い改めれば過ちはその後の糧となります。悔い改めがないと、その過ちは消えることのない本当の過ちになってしまい、永遠に残ってしまうと、孔子はこの言葉を通じて警鐘を鳴らしているのです。

過ちを犯してしまったことに気づいても、反省せず改めようとしないことは問題です。また同じ過ちを繰り返すことになるからです。

失敗は誰でもするものです。失敗を改めることができれば失敗は帳消しになり、次の成長につながります。しかし失敗をそのまま放置しておくと、失敗は「本当の失敗」となって人としての成長が止まってしまいます。

同じような意味を表す言葉は、『論語』では他でも登場します。「過ちてはすなわち改むるに憚ること勿かれ」（84ページ）もそうです。

孔子は弟子たちに**「失敗は悪ではなく、本当の悪は反省しない心である」**ということを強く伝えたかったからでしょう。

過ちとは、知らず知らずのうちについ犯してしまう悪いことも指します。経験が足りない人は、過ちを犯す傾向があります。

経験が足りないことが原因で過ちを犯したら、人は誰でも恥ずかしいと感じます。「人から笑われているかもしれない」と思ったりするでしょう。

『論語』には、「小人の過つや、必ず文る」（子張篇）と書かれていますが、これも、知らないことを知らないといえず、うわべをごまかすように飾り、過ちを犯したことを隠そうとする人が多いということを表している一文です。

素直に「過ち」を「過ち」だと認めることができず、ごまかして飾るという行為は、「過ち」を通り越して、すでに「悖る」ことに達すると考えられます。「悖る」とは「故意に悪いことをする」という意味です。

図解・ミスを激減させる方法

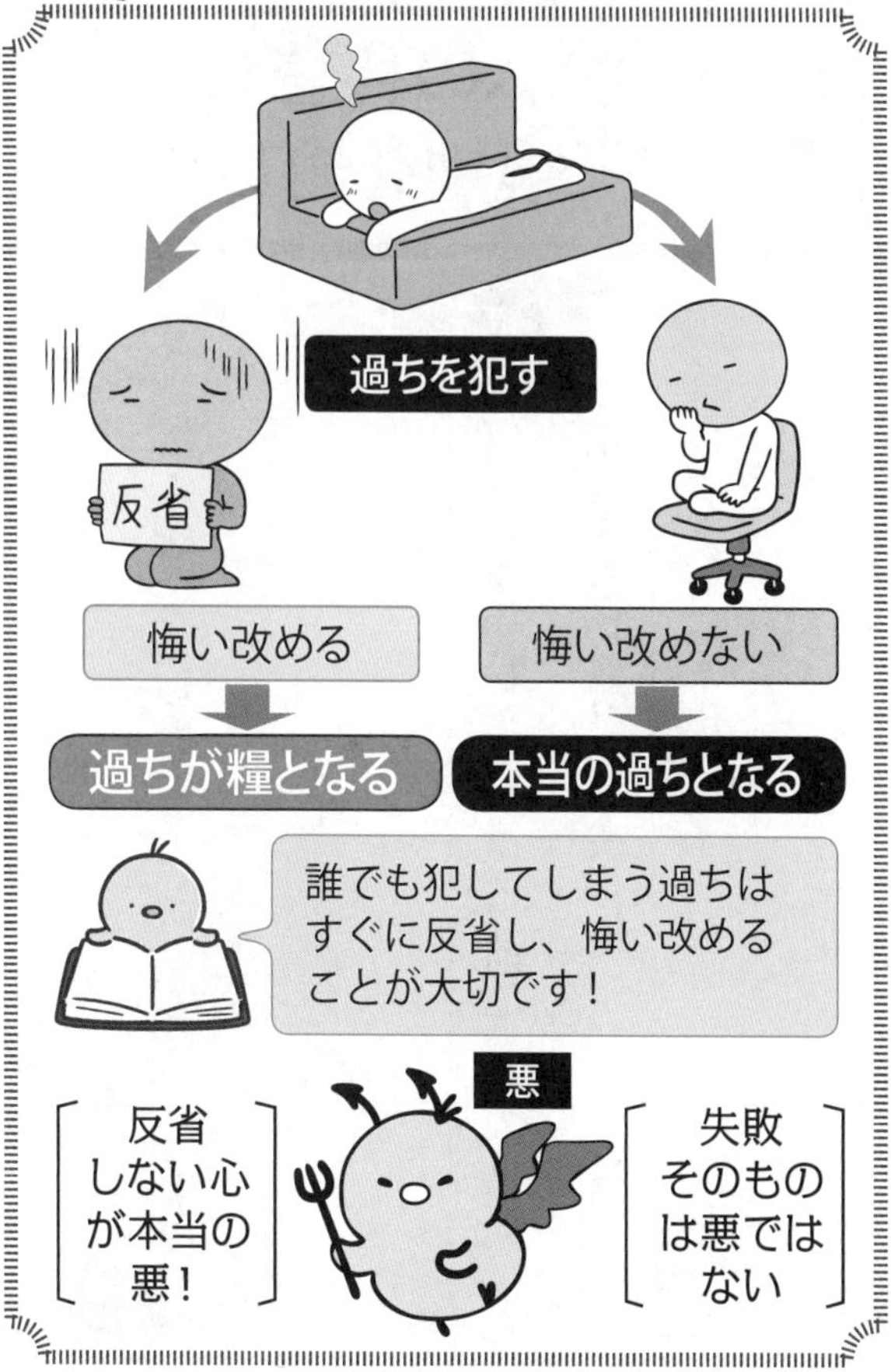
過ちを犯す
反省
悔い改める
過ちが糧となる
悔い改めない
本当の過ちとなる
誰でも犯してしまう過ちは
すぐに反省し、悔い改める
ことが大切です！
悪
反省
しない心
が本当の
悪！
失敗
そのもの
は悪では
ない

②「利他の心」を持つ方法

ときには「人の利益」を優先する境地を愉しむ

己達せんと欲して人を達せしむ。

（雍也篇）

超訳

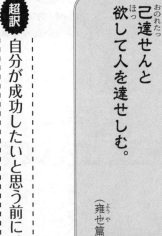

自分が成功したいと思う前に、
他人を成功させるように
サポートしましょう。

仲間と一緒にある目標に向かっているとき、自分だけ先に目標に到達しようと考えてしまう人がいます。しかし、**仲間のことを思い、まずは仲間が先に成功するように協力してあげる心構えを持つことが大切である**ということを、この言葉は表しています。

自分自身の欲より、他人の欲を優先する心、寛大な気持ちを常に持っている人間になりなさいと孔子は教えているのです。

この言葉は孔子と弟子の子貢との会話の中で、孔子が言ったものです。

子貢にとって孔子は三十一歳も年上だったせいもあり、気負ったところがあったのかもしれません。

子貢は孔子に対し、「如し能く博く民に施して、能く衆を済わば何如。仁と謂うべきか（もし民全体に恩恵を施すことができ、多くの人たちを救済することができるとしたら、その行動は仁と呼ぶことでしょうか）」という質問をしました。

孔子は子貢のこの質問に対し、思わず笑ってしまったのではないかと思います。そして「何ぞ仁を事とせん。必ずや聖か。堯舜も其れ猶お諸を病めり（それができれば仁どころではない。そういうことができる人は聖人と言ってもいい。聖王と言われる堯帝や舜帝でさえも、聖人と呼ばれるようになるにはどうしたらよいかと心を悩ませていたのだよ)」と答えました。

子貢は孔子が常に「仁を大切に思え」という教えを聞き、自分にとって「仁」とは何か、色々なシチュエーションで思い描いていたのです。

孔子はそう簡単に、子貢が「仁」について答えを導き出せるとは思っていません。

孔子は、その答えを見つけ出すには、自分の身近な問題として考えてみたほうがいいと思いました。そこで子貢に対し「夫れ、仁者は己立たんと欲して人を立て、己達せんと欲して人を達せしむ(そもそも、仁の人というものは、自分が立ちたいと思ったときにはまず他人を立たせる。自分が到達したいと思う前に、まず他人を到達させるようにする)」と助言しました。

つまり「**我欲を優先させないで、まず人に譲れ**」と孔子は言ったのです。

さらに孔子は「**仁とは相手の気持ちを察し、自分には何ができるかを考え、相手の立場に立った行動ができる人である**」とも言いました。

図解・「利他の心」を持つ方法

目標
自分
仲間
仲間が先に成功するように協力する
自身が目標に到達するより、仲間が先に目標に到達できるように協力する心構えが大切！
優先させる
相手の欲
自身の欲
仁とは何か？という答えが見つかる
孔子の言う「立派な人」とは、常に寛大な気持ちで、相手の立場に立った行動ができる人！

③愛情に困らなくなる方法

「思いやりの心」だけは、どんなときも忘れない

仁に里(お)るを美(よし)と為す。

（里仁(りじん)篇）

超訳

常に思いやりの心をもつことは
大切なことです。
それは人として
素晴らしい生き方です。

この言葉は、仁の心を大切にし続けるのはとても重要なことであり、同時にとても良いことだという意味です。

孔子は仁について**「親子の間には愛情があり、親は子に対する愛情、子は親に対する愛情を大切にしなさい。そしてそれは一番美しいものである」**ということを、この言葉を通じて私たちに説いています。

つまり、愛情や思いやりのない行動は意味のないものだというのです。

さて、仁という漢字には果物の「核(たね)」という意味もあります。「杏仁(あんにん)」が「杏(あん)子(ず)の核」を意味するのはこの例です。

人の心には核としての愛、すなわち仁があると孔子は考えていました。そして、常に仁の心を大切にし、仁を意識して、仁に対して恥ずべき行動は慎むべきなのです。

このような行動こそが「知」だと孔子は説いています。

孔子は「仁に里るを美と為す」の後で、「択(えら)びて仁に処(お)らずんば、焉(いずく)んぞ知たるを得ん（自らの選択で仁を選んでそこにいないとするならば、なんのために知力を得ようとするのであろうか）」と言っています。

「仁に里るを美と為す」の「美」についてもふれておきましょう。「美」は「羊」と「大」を合わせて作られた漢字ですが、これは祖先神に対して捧げるのにふさわしい、生贄（いけにえ）の「羊」が大きく素晴らしいことを意味します。

自分の選択が祖先神の前に出ても恥ずかしくないかどうか、そのことを判断基準に置くというのが、孔子の教えだったのです。

孔子の教えを最も忠実に実践したとされる孟子（もうし）（紀元前三七二頃〜前二八九頃）は、仁について「夫（そ）れ、仁は天の尊爵（そんしゃく）なり。人の安宅（あんたく）なり、之（これ）を禦（とど）むることなくして、不仁なるは是（こ）れ不智（ふち）なり（そもそも「仁」というものは、天が人に与えた最も高くて大切なものである。そして「仁」こそ人が安心していられる場所である。この仁を自分の心に留めておこうとしないで、不仁なることを思い行うのは、智力に欠けるものである）」と言っています。

これは「仁に里るを美と為す」を、孟子が別の言葉で言い替えたものです。

図解・愛情に困らなくなる方法

子どもへの愛情
両親への愛情
互いに愛情をもっている関係は美しい
愛情や思いやりのない行動は意味がない
愛情(思いやり)の心が仁の心である
人の心
愛
知
仁に対して
恥ずべき行動
は慎むべき!

④心を強くする方法

まずは正しく行動することを、心がける

義（ぎ）を見てせざるは勇無（ゆうな）きなり。

（為政篇（いせいへん））

超訳

正しいことを
知っているにもかかわらず、
それをしないのは
勇気がないからです。

目の前に困った人がいるにもかかわらず、知らんぷりをしてしまい、助けてあげない人は勇気がない人であるということを表している言葉です。

つまり、**困っている人がいたら見て見ぬふりをせず、手を差し伸べてあげる人こそが、勇気のある人だ**と言っています。自分がやるべき正義を知っているにもかかわらず、それを実行に移さないのは勇気がないということだと、孔子は人の性質について説いているのです。

しかし、実際にこの言葉どおりの勇気ある行動ができるかといえば、そう簡単ではありません。極端な例を挙げてみましょう。

犯罪が目の前で行われようとしているときです。

その犯罪を未然に防ぐためには、自分の命を投げ出す覚悟が必要な場合もあります。果たして自分には、それほどの勇気が出せるかどうか。「見て見ぬふり」をするほうが後々面倒なことにならなくていいと思う人のほうが多いのではないでしょうか。

電車の中でのマナー違反に対し、勇気を出して注意したところ、注意された人が逆ギレし、傷害事件にまで発展した、という痛ましいニュースも耳にします。

もっと身近な例でいえば、車の来ない道を、信号を無視して渡っている人に対して「信号を守りなさい」と、なかなか勇気を出して言えません。

電車で人に席を譲ることも、自然にできないことが多かったりもします。

孔子は**「正しいことを知っているにもかかわらず、それをしないのは勇気がないからだ」**と言うのですが、そんなに簡単にいくものでもありません。

孔子自身も、このことはよくわかっていたのだと思います。

「正義」という言葉は、今となってはもう、ほとんど使われることがなくなってしまいました。

「正義の味方」も、「勧善懲悪（かんぜんちょうあく）」という価値観があった時代にはよく使われましたが、現代のように「正しさ」の基準が相対化してしまうと「正義の味方」も現れようもありません。

「正義」の基準は時代によって変化します。むしろ「正義」の様々な側面から、その「見方」を学ぶことが大切な時代なのかもしれません。

図解・心を強くする方法

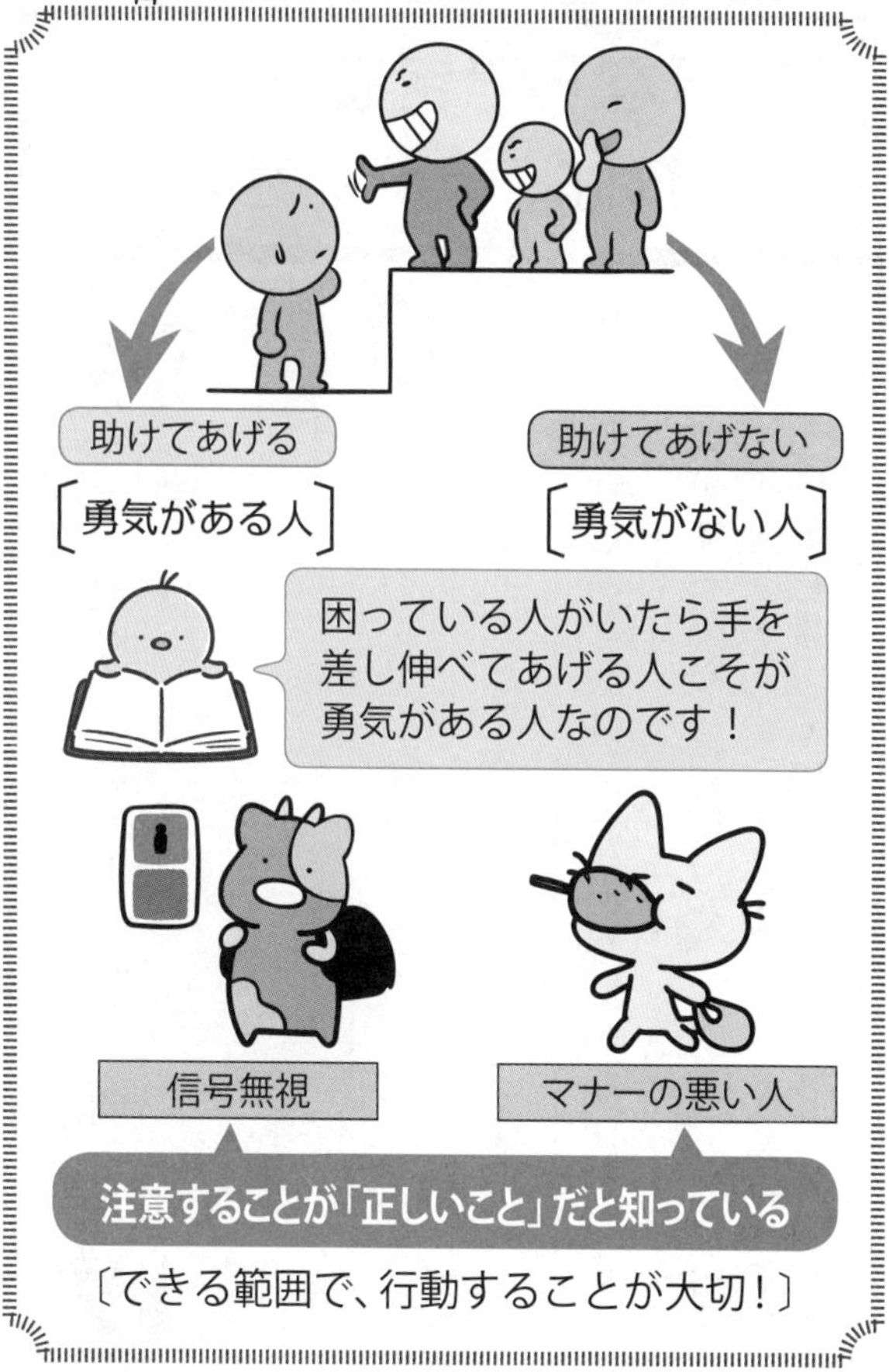
助けてあげる
［勇気がある人］
助けてあげない
［勇気がない人］
困っている人がいたら手を差し伸べてあげる人こそが勇気がある人なのです！
信号無視
マナーの悪い人
注意することが「正しいこと」だと知っている
〔できる範囲で、行動することが大切！〕

「自分ならできる！」と考えれば、必ずできる

力足らざる者は、中道にして廃す。今女は画れり。
（雍也篇）

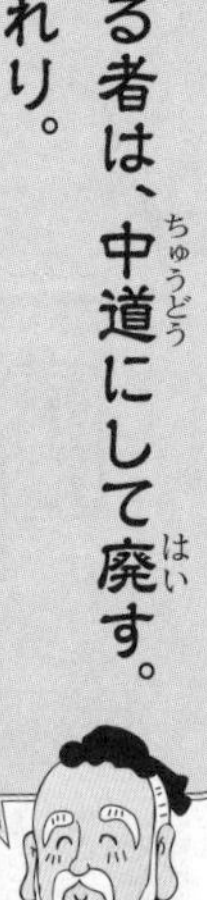

超訳

本当に力が足りない者なら、道半ばで力が尽きてしまうものです。しかしあなたは、力があるにもかかわらず、挑戦する前から見切りをつけてしまっていますよ。

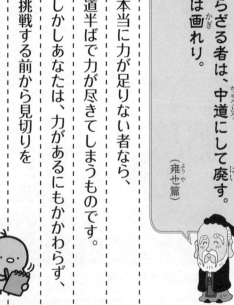

本当に力のない人なら、志半ばにして限界を感じて諦めてしまうものです。しかしあなたはまだ、何もしていない前から諦めてしまっているのではないか、という気づきを促す言葉です。「今女は画れり」とは、自分自身の能力の限界を勝手に決めつけているという意味です。

困難な問題に直面したときに「自分では無理だ」とすぐに諦めてしまうのは簡単なことです。多くの場合、何も手を打たない前から諦めてしまっているものです。**やる前から諦めず、どうすれば難しい課題を乗り越えられるか、問題点などを考えて、全力で解決に向け努力する。それは「新しい自分」に気づくことになる**と孔子は教えているのです。

この言葉は孔子と弟子の冉求（ぜんきゅう）（子有）との会話の中で、孔子が言ったものです。冉求は孔子より二十九歳下でしたが「政事」に明るい人でした。勉強もよくでき、孔子の弟子の中でも十指に入る優秀な人です。

冉求が魯の家老である季氏の執事をしていた頃の話が、『論語』（八佾篇）には記されています。季氏が「天」と「地」の神を祀（まつ）る、泰山（たいざん）の祭事をしようとしたときの話です。祭事は君主にだけ許されたことで、家老の地位では非礼僭越で行ってはならないことでした。孔子は冉求を呼んで「季氏の過ちを正すように」と言いました。しかし冉求は「能わず（できません）」と答えたのです。おそらく「もう決まってしまったことなのです」という意味だったと思われます。

家老の季氏にその政治力を奪われ、すでに魯の君主の権威は皆無で、どうしようもなかった面もあります。しかし、このままでいいのか、もっとしっかり季氏に自分の立場をわからせるように説得しろと、孔子は冉求に訴えるのです。

けれども、冉求は「私にはそれを実行する力がなくてどうしようもないのです」と答えます。孔子も、冉求を責めてもどうしようもないことはわかっています。わかっていながら、冉求に言うのです。そのときの言葉が「力足らざる者は、中道にして廃す。今女は画れり」です。

孔子は冉求以外のすべての弟子たちに、励ましの言葉をかけていきます。**「あきらめないで、どこまでもがんばれ」**という言葉は、弟子たちをやる気にさせたに違いありません。

図解・前向きに生きる方法

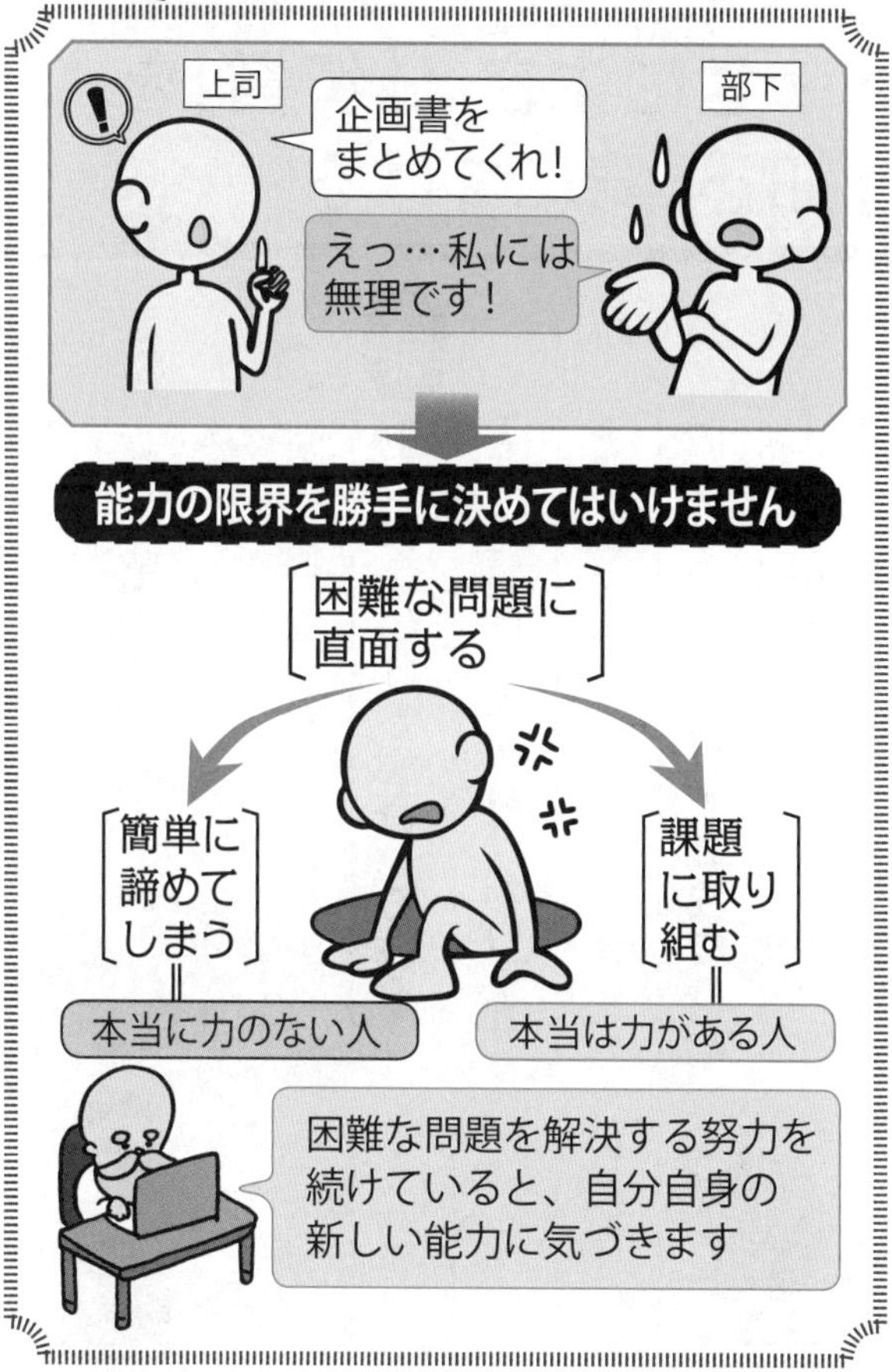
上司
企画書を
まとめてくれ！
部下
えっ…私には
無理です！
能力の限界を勝手に決めてはいけません
困難な問題に
直面する
簡単に
諦めて
しまう
本当に力のない人
課題
に取り
組む
本当は力がある人
困難な問題を解決する努力を
続けていると、自分自身の
新しい能力に気づきます

⑥人生の価値を高める方法

幸せに生きる「習慣」を知る。身につける

性相近し、習い相遠し。

（陽貨篇）

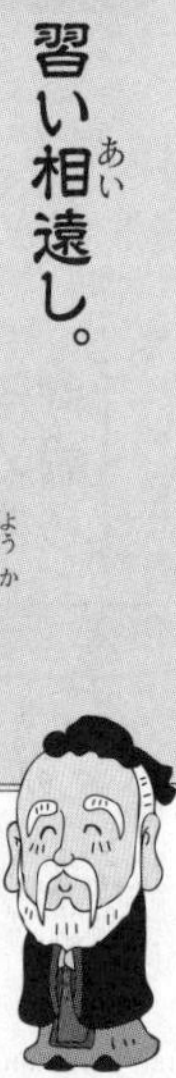

超訳

生まれながらそなわっている人の性質は、あまりかわりません。どのような考え方で毎日を生きていくかにより、人はそれぞれ異なった人生を歩みます。

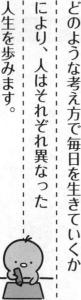

「性相近し」とは、大金持ちの家、貧しい家、どんな境遇の下で生まれようが、すべての人間の天性の差、すなわち生まれながらの性質の差はないということを指しています。「習い相遠し」とは**立派な人とそうでない人との差は、生まれてからどんなことを習慣にしていたのか、その内容によって決まる**という意味です。

すなわち、生まれながら立派な人はいないのと同様に、生まれながら悪い人間はこの世には存在しないのです。立派な人かどうかは、人それぞれの生き方が影響するということを表している言葉なのです。

よく「金持ちの家に生まれていればなあ」「なんでうちは貧乏なんだろう」と嘆いている人がいます。

人生はどのように生きていくかで決まるものなので、けっして自分の境遇をひがんではいけないということを孔子は私たちに説いているのです。

孔子には多くの弟子たちがいましたが、すべての弟子たちに平等に接し、そしてほめたり叱ったりしながら弟子たちを育てていきます。人は、生まれたときの境遇が平等ということは絶対にありません。特に孔子の時代は身分制度は非常に厳しく、その制約を超えて行動することなど考えられませんでした。

人が成長するためには「習う」ことが大切です。

「学びて時に之を習う」と、『論語』(学而篇)の冒頭に記されているように、人は多くの人と交わり様々な教えを習得することにより、独り立ちできるようになります。**教えを習得するためには、日々、教えを繰り返すしか方法はありません。**「習」という字に「羽」が書かれているのは、鳥が羽ばたくように何度も繰り返すことを表すためです。まさに「習慣が人をつくる」ことを、孔子は「習」という言葉で伝えようとしたのです。

どんな人にも平等に与えられていることと言えば、一日が二十四時間であることくらいでしょう。

与えられた一日を無駄に過ごしてしまうのか、それとも「人の道」を守ってより良い社会を創るために働いて貢献するのか、その小さな一歩の積み重ねが、何十年も経つとまったく異なった人生として現れてくるよと、孔子は教えているのです。

図解・人生の価値を高める方法

性相近し

性質の差はない

すべての人間の性質は生まれながら差はない

習い相遠し

真面目に生きる

［立派な人間になる］

不真面目に生きる

［悪い人になる］

どのような生き方をしたかによって決まる

性質は毎日の習慣によって決まるものなので、自分の境遇をひがんだりしてはいけません

⑦本物を見抜く目を持つ方法

大勢の「眼力」よりまず、自分の「眼力」を信じる

衆これを悪むも必ず察し、
衆これを好むも必ず察す。
（衛霊公篇）

超訳

多くの人たちから悪い人だと
言われている人が、必ずしも本当に
悪い人だとは限りません。
評判に惑わされることなく
自分の目で判断することが大切です。

「大多数の人から嫌われている」という情報を鵜呑み（うの）にして、その人を嫌ってはいけません。まずはどうして多くの人から嫌われているのか、その理由を知ることが大切です。

反対に、人気がある人にも同様のことが言えます。人気の理由が、単純に「多くの人から好かれている」というだけのことがあるからです。

つまり、**人から嫌われていようが人気があろうが、人物の見極めは自分自身ですべきである**ことを私たちに伝えているのがこの言葉です。

現代は、ネットの普及により「情報」が溢れています。正しい「情報」を選り分ける鑑識眼を養わなければなりませんが、これはすでに、ネットがない孔子の時代から大切にされてきたことだったのです。特に社会に影響力がある人の発言は、その真意を確かめることが重要です。

戦国時代に生きた儒家・孟子（もうし）は、孔子のこの考え方をおし広げました。「人を雇うときには側近が、その人を賢者だと言っても信じてはいけない。大臣たちが賢者だと言っても、識者が賢人だと言っても信じてはならない。自分の目で確かめてからでなくては雇ってはいけない」と言うのです。

人の話が本当かどうかは、自分で確かめてみるしかないのです。

時代は変われども、多くの人たちは「情報」に振り回されています。

ネットで一人の人間が叩かれると、情報の真偽を判断することなく多くの人たちの意見に迎合(げいごう)してしまい、それがさらに大きな力となって、一人の人間を叩いてしまうことにつながってしまいます。

「情報」という言葉は、わが国では一九〇〇年頃から使われていますが、『英和口語辞典』には、英語の「レポート」が「情報」と訳されています。ところが、一九七〇年以降は、英語の「インフォメーション」の訳として「情報」が使われ、英語の「レポート」は「レポート」というカタカナ言葉で使われるようになります。

「レポート」は、すでに起こったことの「調査報告」「事後報告」を意味します。それに対して「インフォメーション」は、「生のままのニュース」という意味で使われる言葉です。同じ「情報」という言葉ですが、百年前と現代とでは、異なる意味で使われているのです。

図解・本物を見抜く目を持つ方法

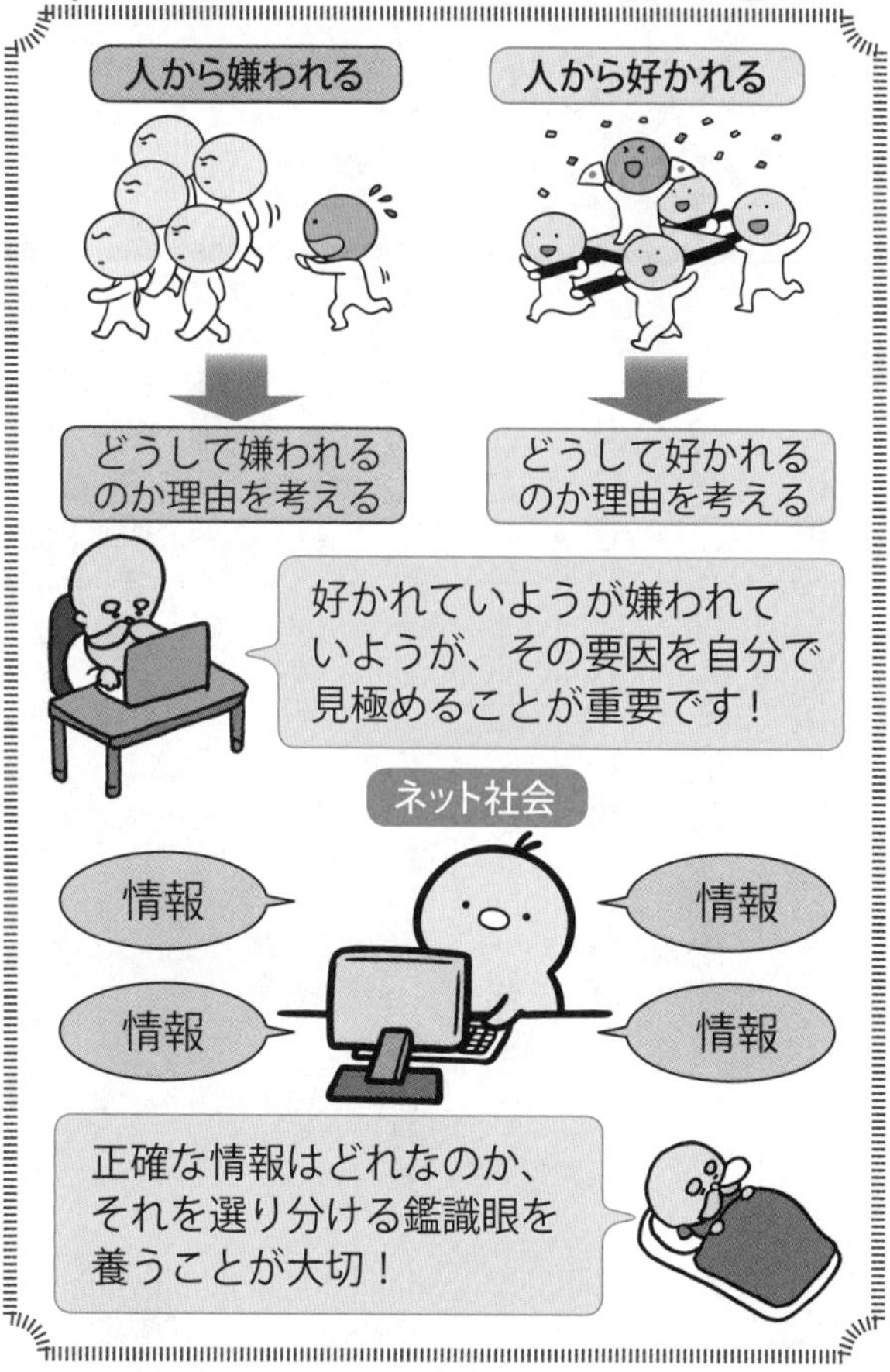

人から嫌われる
人から好かれる
どうして嫌われるのか理由を考える
どうして好かれるのか理由を考える
好かれていようが嫌われていようが、その要因を自分で見極めることが重要です！
ネット社会
情報
情報
情報
情報
正確な情報はどれなのか、それを選り分ける鑑識眼を養うことが大切！

⑧家族をより大事にする方法

「これまで」に感謝する。「これから」を気遣う

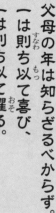

父母の年は知らざるべからず。
一は則(すなわ)ち以(もっ)て喜び、
一は則ち以て懼(おそ)る。

（里仁(りじん)篇）

超訳

親の年齢を知っていないといけません。
理由は今年一年、親子が一緒に
暮らせたと喜ぶため。もうひとつは、
親がこんな年齢になったのかと
死に近づく親の命を思うためです。

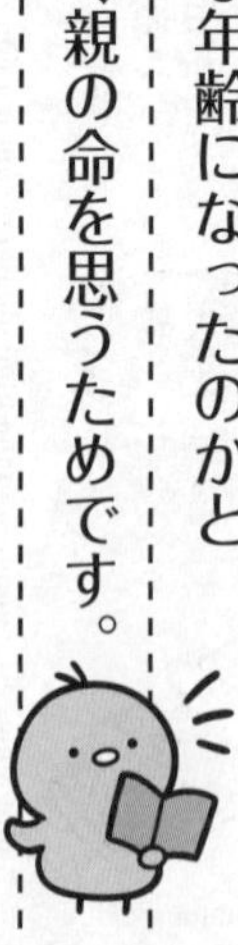

この言葉は、**毎年、両親の誕生日を迎えるたびに、子どもは父や母が何歳になったのか気にかけ、「長生きしてくれてありがとう」という感謝の気持ちと、「これから親孝行をしていこう」という気持ちを持つことが大切だ**ということを表しています。つまり子どもは常に親に対し、感謝の気持ちを持ち続けるべきことを、孔子は私たちに説いているのです。

孔子は若くして両親を亡くしているので、このような言葉を残したのかも知れません。まさに「親孝行したいときに親はなし」で、親に対して特別な思いがあったのでしょう。

孔子が生きていた時代、人々の平均寿命は三十歳でした。子どもは十五歳位で結婚し独り立ちします。そして子どもが産まれる頃になると、親は亡くなるのです。親が子どもを大事に思い、また子どもが親のことを大切に思う気持ちは、現代とは比較にならないほど強かったことでしょう。

それを表すのが「父母の年は知らざるべからず」という言葉なのです。親の年齢を常に気にするのは、今年一年も親子が一緒に暮らせたことを喜ぶためです。

しかしその喜びは反対に、来年は一緒に暮らせるかが心配になり、心に影を落とすことにもなります。医学も薬学も発達していなかった時代、人の死はとても身近な出来事だったのです。

孔子は、「父母在せば、遠く遊ばず。遊ぶこと必ず方有り（父母が存命中は、あまり遠出をしない方がいい。やむを得ず遠方に行く場合は、必ず、自分の行く先をはっきりさせておくように）」とも言っています。

もし、両親のどちらかが不意に亡くなったら、それを知らせる時間、帰るための時間などを考えると、通信や交通も発達していなかった時代、途方に暮れてしまうことでしょう。

孔子の教えは、「親子」の間にある「仁愛」が中心です。そしてその「仁愛」**を周縁的に「兄弟」「家」「国」「天下」へと及ぼしていく**と言うのです。

孔子の教えは、後世「儒教」と呼ばれるようになりますが、父母が亡くなると、どれだけ高い地位にいる官僚でも、必ず父の死に対して三年、母の死に対して三年の喪に服し、官職から離れるというのが、清朝までの中国の慣習でした。

図解・家族をより大事にする方法

〔両親の誕生日〕

誕生日を迎えるたびに何歳になったか気にかける

「ありがとう」という感謝の気持ち

「親孝行をしていこう」という気持ち

子どもは親に対して、「感謝の気持ち」を常に持ち続けなければならないことを、私たちに説いています！

仁愛の誠

親を大切にする

〔孔子が生きていた時代の人間の平均寿命はなんと30年でした〕

⑨「いい生き方」をする方法

「天はすべてお見通し」と考えて行動する

罪を天に獲れば、禱る所無きなり。（八佾篇）

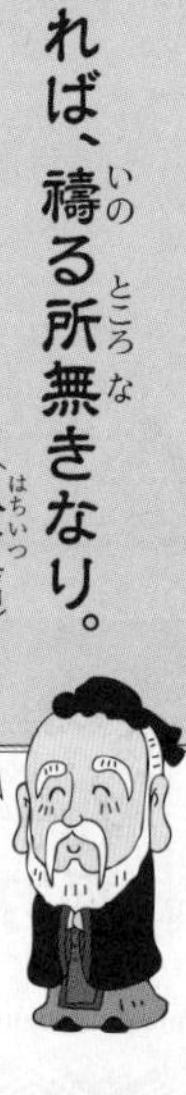

超訳

天に対して犯した罪は、
どんな神様に祈ったところで
無駄ですよ。

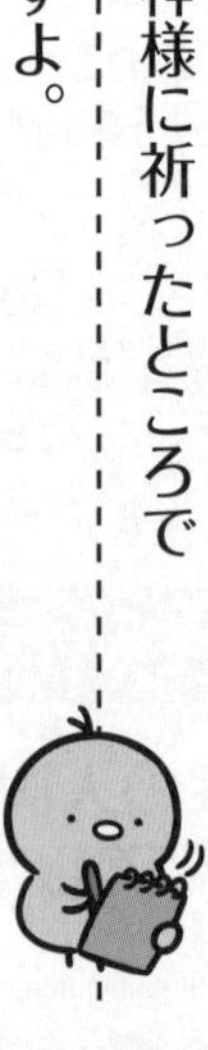

自分が犯してしまった過ちは、ごまかし通せるものではありません。天（神様）はすべてお見通しなので、言い訳は通用しないことを表している言葉です。つまり、**悪いことをしてしまったときは、素直に過ちを認め、言い逃れなどはしてはいけない**という教訓を孔子は私たちに伝えようとしたのです。

孔子が生きた時代は、氏素性（うじすじょう）がはっきりしない人が官職に就くことなどあり得ませんでした。孔子の父親は孔子が小さい頃に亡くなり、孔子の母親は当時の社会では結婚が許されない身分でした。

それにもかかわらず、孔子は母国の魯（ろ）で大司寇（だいしこう）（刑罰や警察を司る宰相（さいしょう））にまで栄達したのです。しかし母国が大臣たちの汚職で破綻している姿を見て、孔子は母国を嘆き、母国を捨てて出ていきます。

その後、孔子は衛（えい）の国で官職を得ようと試みます。五十七歳のときだと言われていますが、はっきりしたことはわかっていません。いずれにせよ年を取ってからのことでした。人々はこうした孔子の姿を見てバカにしたものです。

衛の家老・王孫賈（おうそんか）が「奥（おう）の神に媚（こ）びるより、竈（そう）の神様にお願いをしたらどうか」と孔子を揶揄します。「君主に媚びるより、もっと人事を担当している人にお願いをして雇ってもらうようにしたらどうだい」という意味なのですが、その答えが「罪を天に獲れば、禱る所無きなり（天に対して犯した罪は、どんな神様に祈ったところで無駄です）」だったのです。

つまり**「天はすべてお見通しなのだから、自分に恥じるような行為をすることはできない」**という意味を込めて言ったのです。

結局、衛での仕官は叶わず、孔子は十年ほど諸国を放浪することになってしまいます。

ちなみに孔子は「怪力乱神を語らず（述而篇）」と述べ、怪談、武勇伝、乱倫背徳、鬼神霊験などについては平生、話すことがありませんでした。

ただ孔子は背が高く、二メートル以上あったという記録があります。

背が高かったからでしょうか、両方の肩が山のようになって頭が低くなり、後ろから見ると「丘」のような形になっていたので「丘」と名前が付けられたとも言われています。

図解・「いい生き方」をする方法

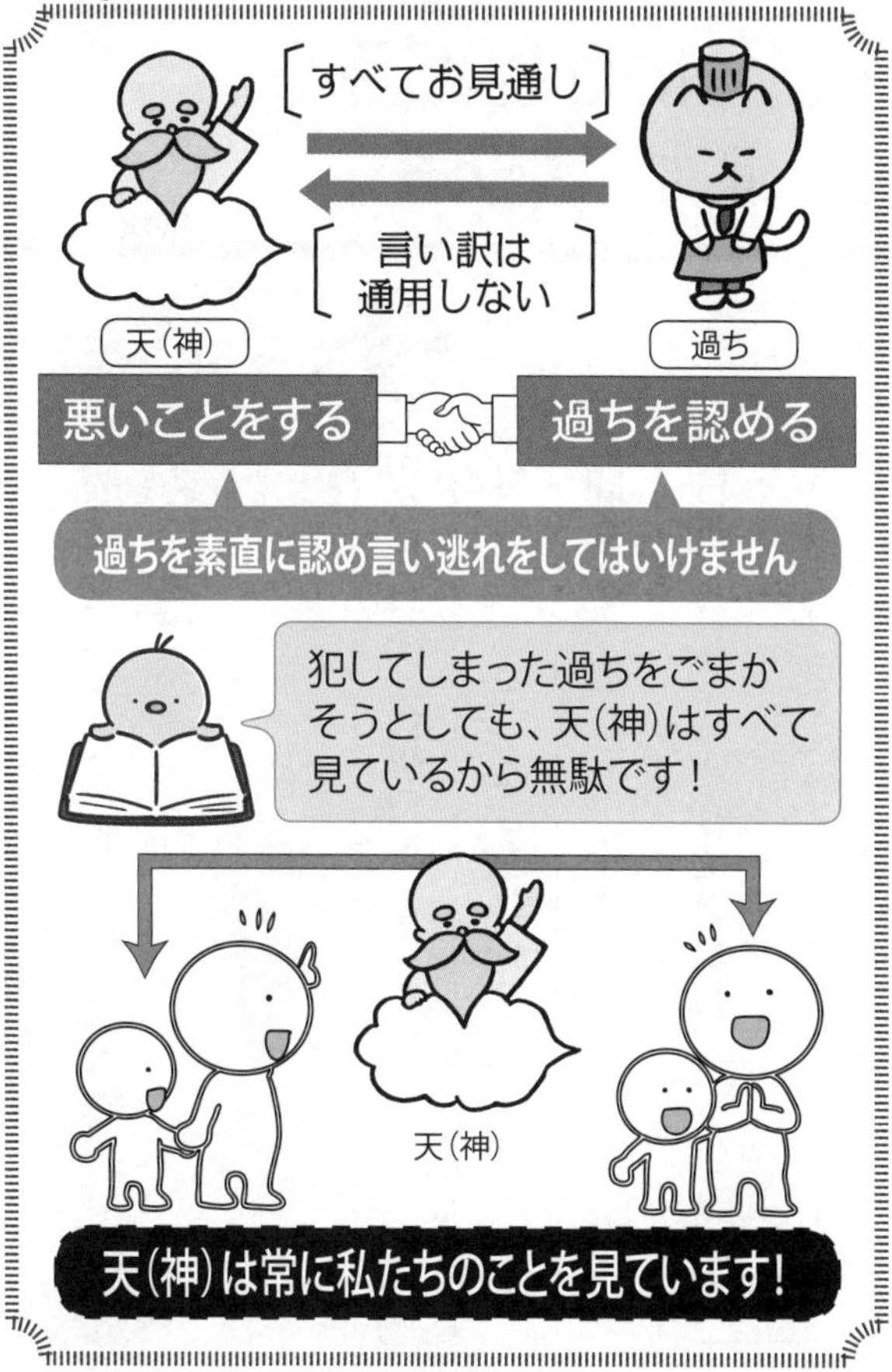
[すべてお見通し]
[言い訳は通用しない]
天(神)
過ち
悪いことをする
過ちを認める
過ちを素直に認め言い逃れをしてはいけません
犯してしまった過ちをごまかそうとしても、天(神)はすべて見ているから無駄です！
天(神)
天(神)は常に私たちのことを見ています！

⑩無駄な悩みと無縁になる方法

自分には「より厚く」。人には「より薄く」

躬自ら厚くして、薄く人を責むれば、則ち怨みに遠ざかる。

（衛霊公篇）

超訳

「自分自身の気持ちに、恥ずかしいところがないか？」と聞くようにして、相手を客観的に観ることができれば、嫌な人だと思うことはなくなる。

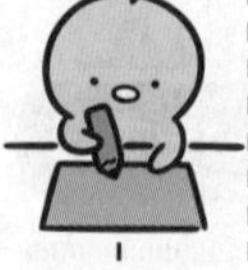

自分には厳しい態度をとり、他人が失敗したときには寛大な気持ちで接していれば、人から怨みをかうことはないということを表している言葉です。

人には厳しく、自分には甘い人を見かけますが、そんな人が上司だったらどうでしょう。部下から信頼を得ることなどできないはずです。信頼を得るどころか、度を越すと部下から怨みまでかってしまいます。

身勝手な態度で人と接していると、そのような態度は人から反感を買うことを、孔子はこの言葉を通じて私たちに伝えているのです。

孔子は「怨(えん)」ということに対し、非常に敏感な人だったと思われます。『論語』の中で、何度も人から「怨み」を受けないようにするにはどうするかについて書かれていることからも、それは理解できます。

また、孔子は「子曰く、巧言(こうげん)、令色(れいしょく)、足恭(すうきょう)なるは、左丘明之(さきゅうめいこれ)を恥ず。丘も亦之(またこれ)を恥ず。怨みを匿(かく)して其(そ)の人を友とす。左丘明之を恥ず。丘も亦之を恥ず（公治長篇）」とも言っています。これは「先輩の左丘明は、口先だけ巧いこと、愛想笑いをして相手に阿(おもね)ること、慇懃無礼(いんぎんぶれい)な態度をしていることを恥だと考えており、また心の底に怨みを抱きながら、表面上の友だち付き合いをすることも恥ずかしいことだと考えています。孔子自身もこの考え方に賛同しています」という意味です。

巧言、令色、足恭というのは、人の態度を見ていればわかるものです。

本人は気がつかなくても、他の人から「そこまでして気に入られようと思うのか。気に入られることで、どんな利益を得ようとしているのか」と疑われるような態度をとってしまう人がいます。このような態度は非常に恥ずかしいことです。

ビジネスでよく見かけますが、心の中ではあまり好意的ではない相手に、表面上のお付き合いをするのも、ビジネス上の「利」を優先していることからくる態度ではないでしょうか。

人として最も楽に生きる方法は、「人を怨まない」ということかもしれません。

そのためには、「恥ずかしい」と思うことをしないことです。

「利に放(よ)りて行えば、怨み多し」（152ページ）という言葉について紹介しましたが、相手を憎むことは、自分自身も憎まれることにつながります。

図解・無駄な悩みと無縁になる方法

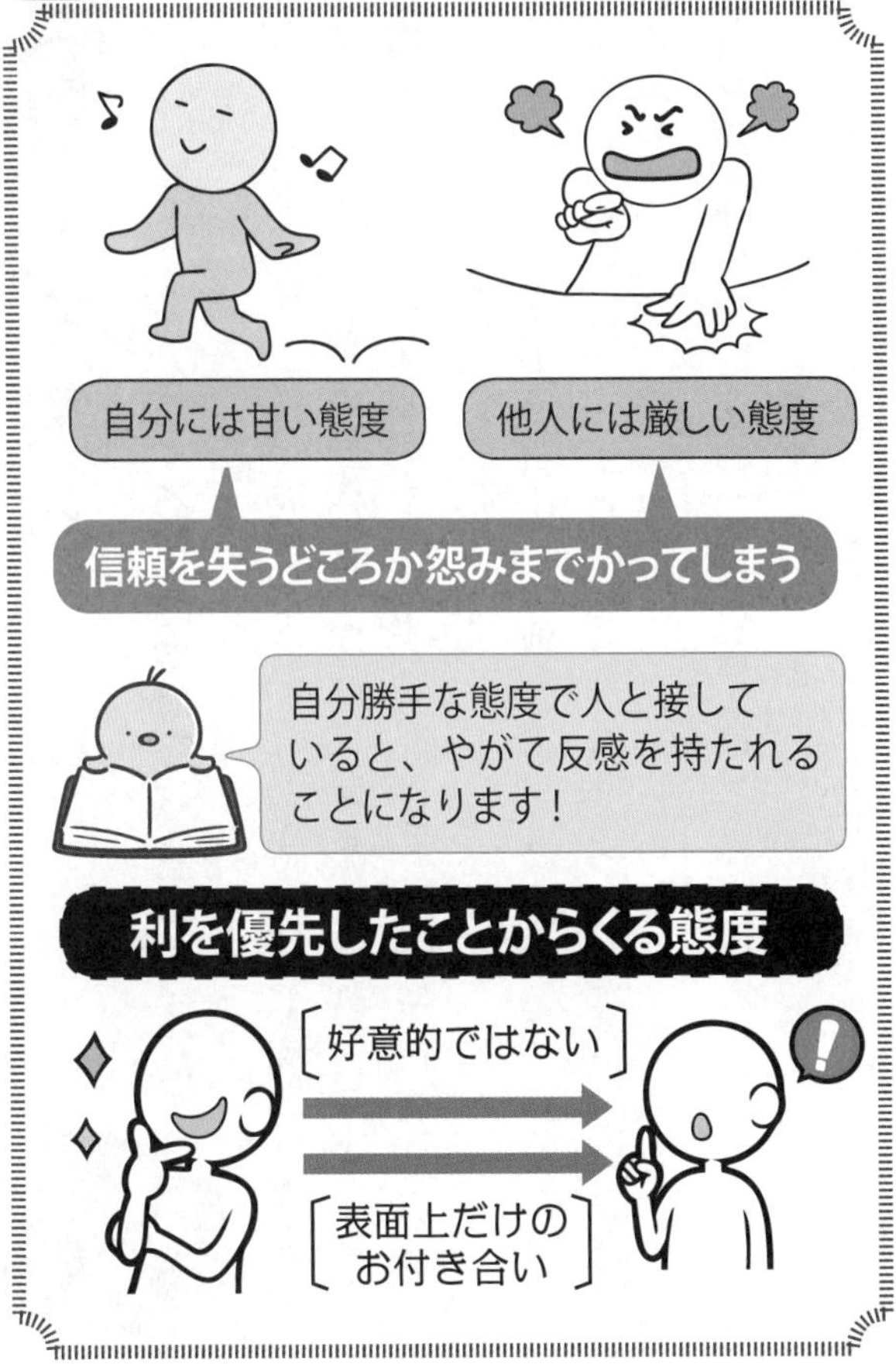

自分には甘い態度
他人には厳しい態度
信頼を失うどころか怨みまでかってしまう
自分勝手な態度で人と接していると、やがて反感を持たれることになります！
利を優先したことからくる態度
好意的ではない
表面上だけのお付き合い

つい人に話したくなる 論語の世界 ⑥

――「どうする家康」家康も『論語』で考えた！

良いことばかりの人生なんてありません。だれにでも困難や問題はあるものです。『論語』の中に、孔子の高弟の曾子が言った言葉が残されています。

「士は以て弘毅ならざるべからず。任重くして道遠し。仁以て己が任と為す。亦重からずや。（泰伯篇）」という言葉です。

意味は、「人というものは心が広く、強くなくてはならない。なぜかというと、人が一生背負うものは重く、生きていかなければならない道は遠いのだから」というものです。

これは徳川家康の遺訓「人の一生は重荷を負うて遠き道を行くがごとし。急ぐべからず」のもとになった言葉です。

じつは、家康による江戸幕府の政策は、すべて孔子が理想とした社会に基づいて行われたものなのです。

すでに96ページで渋沢栄一と『論語』について記しましたが、家康も『論語』を学んで江戸幕府を構想しているのです。

よく知られるように、草ぼうぼうで水びたしだった一六〇〇年初頭の江戸の町を、二百年かけて世界最大の都市に成長させるよう計画したのは家康です。

利根川と荒川（隅田川）の治水工事は、孔子が理想とした夏王朝の始祖・禹が行った黄河の治水工事に基づいて、江戸の町をつくり上げるために実践したことでした。

「士農工商」という身分制度も、周王朝の時代にあったものを利用しています。

徳川家康の遺訓

↑

孔子が理想とした社会

［江戸時代の日本は『論語』の影響を受ける］

孔子の思想は江戸を日本最大の都市に成長させる土台になっていました

藩校や寺子屋も、周の時代にあった「小学」「大学」などの学校制度を取り入れたものです。

さて、突然ですがビジネスの最終目的は何でしょうか。

それはこの世の中を平和で安全にし、世界中の人々が幸せで充実した生活を送れるようにすることでしょう。

目標を達成しようとすると、困難や問題にぶつかることがあります。どうすれば目の前の問題を解決することができるのでしょうか。困難や問題を乗り越えたり、回避したりするためのヒントとなるのが『論語』なのです。さらに『論語』の言葉はヒントをくれるだけでなく、勇気を与えてくれます。

さらに、『論語』の言葉を知っていれば、主体性を持って生きていくことができます。

自分が何を目指して生きていくか、それを決めるのは「自分」です。

『論語』は、ビジネスはもちろん、日常生活においてもどんな生き方をすればいいのか、それを教えてくれる珠玉の人生の指南書なのです。

「どうする家康」家康も『論語』で考えた！

参考文献

『論語と孔子の事典』（江連隆・著／大修館書店）
『図説孔子 生涯と思想』（孔祥林・著／科学出版社東京）
『図解 超訳 論語』（許成準・著／彩図社）
『超訳論語「人生巧者」はみな孔子に学ぶ』（田口佳史・著／三笠書房）
『孔子の一生』（三戸岡道夫・著／栄光出版社）
『知識ゼロからの論語入門』（谷沢永一・著／幻冬舎）
『カラー版 イチから知りたい！ 論語の本』（佐久協・監修／西東社）
『チコちゃんと学ぶチコっと論語』（山口謠司・監修／河出書房新社）
『眠れなくなるほど面白い 図解 論語』（山口謠司・監修／日本文芸社）
『読めば心が熱くなる！ 中国古典100話』（山口謠司・著／三笠書房）
各項目の関連サイト他

本書は、本文庫のために書き下ろされたものです。

山口謠司（やまぐち・ようじ）
1963年、長崎県生まれ。大東文化大学文学部教授。博士（中国学）。大東文化大学大学院、フランス国立社会科学高等研究院大学院に学ぶ。英国ケンブリッジ大学東洋学部共同研究員などを経て現職。専門は書誌学、音韻学、文献学。『日本語を作った男 上田万年とその時代』（集英社インターナショナル）で第29回和辻哲郎文化賞受賞。
著書に『品がいい人は、言葉の選び方がうまい』『読めば心が熱くなる！ 中国古典100話』『日本人が忘れてしまった日本語の謎』（以上、三笠書房《知的生きかた文庫》）、『語彙力がないまま社会人になってしまった人へ』（ワニブックス）、『心とカラダを整える おとなのための1分音読』（自由国民社）、『文豪の凄い語彙力』（新潮文庫）、『語感力事典』（笠間書院）、『文豪の悪態』（朝日新聞出版）、『頭のいい子に育つ0歳からの親子で音読』（さくら舎）、『明治の説得王・末松謙澄』（集英社インターナショナル）など多数。

知的生きかた文庫

世界一役に立つ 図解 論語の本

著者 山口謠司
発行者 押鐘太陽
発行所 株式会社三笠書房
〒一〇二―〇〇七二 東京都千代田区飯田橋三―三―一
電話〇三―五二二六―五七三四〈営業部〉
〇三―五二二六―五七三一〈編集部〉
https://www.mikasashobo.co.jp
印刷 誠宏印刷
製本 若林製本工場

ISBN978-4-8379-8814-4 C0130

知的生きかた文庫

品がいい人は、言葉の選び方がうまい

山口謠司

「了解」と「諒解」……相手に敬意が伝わるのは？　「無念」と「遺憾」……残念な気持ちのニュアンスの違いは？　似た言葉を的確に使い分ける力がつく！

読めば心が熱くなる！中国古典100話

山口謠司

「自分より優れた人材を集める」「相手の戦法の逆をつく」……群雄割拠から秦が中国を統一するまで、知略を尽くして活躍した人々の熱いエピソードが集結！

頭のいい説明「すぐできる」コツ

鶴野充茂

「大きな情報→小さな情報の順で説明する」「事実＋意見を基本形にする」など、仕事で確実に迅速に「人を動かす話し方」を多数紹介。ビジネスマン必読の1冊！

なぜかミスをしない人の思考法

中尾政之

「まさか」や「うっかり」を事前に予防し、時にはミスを成功につなげるヒントとは――「失敗の予防学」の第一人者がこれまでの研究成果から明らかにする本。

できる人の語彙力が身につく本

語彙力向上研究会

あの人の言葉遣いは、「何か」が違う！「舌戦」「仄聞」「鼎立」「不調法」「鼻薬を嗅がせる」「半畳を入れる」……。知性がきらりと光る言葉の由来と用法を解説！

C50464